山口県の歴史と文化

播磨定男 著

大学教育出版

徳山大学研究叢書第二四号

山口県の歴史と文化

目次

Ⅲ　板碑・角柱塔

《図版目録》

◎写真目次

◎図・表目次

I 古文書・古記録

一 陶弘護と三人の遺児

はじめに

1

大内氏の重臣陶氏の系図は『山口県文化史年表』（昭和三十一年）をはじめ『徳山市史』（同三十一年・同五十九年改訂増補）など、陶氏と関わりをもつ市町村史に広く掲載されているが、これらは近藤清石『大内氏実録』（明治十八年）所収の「大内系図」や御薗生翁甫『新撰大内氏系図』（『近世防長諸家系図綜覧』付録・昭和四十一年）に依拠しており、大内氏主従の系図研究に占める近藤、御薗生両氏の比重は今日尚も極めて大きいと言わねばならない。

近藤清石は世間に伝来流布する大内氏宗支系図が、甚だ誤謬と杜撰《ずさん》なるを慨してその改訂に着手されたが、系図に記された各事項の真偽は写本の比較や校合だけからは得られない。これに関わる諸資料によって闡明《せんめい》・査覈《さかく》することが不可欠で、両先学の努力もまさにこの点の究明にあり、その成果は活字となって世間に流布し、一般に享受されていることも前述のごとくである。

ところが、大内氏宗支系図は最初から善本がなく不完全なものから出発していることも事実である。御薗生の言葉を借りれば、大内氏は古代から中世にかけて周防国に君臨した名族巨室であるにも拘らず、「其の系図に至っては殆ど杜撰なるものばかりである」ために、その改訂作業には自ずから限界が存することも否めない。大内氏宗家のことはしばらくおいて本題の陶氏系図について言えば、初代弘賢を右田盛俊の二男とするか、あるいは盛俊の息子弘俊の二男とするか未だに一定していない。また、初代弘賢から晴賢までの家督の順序、兄弟間の輩行《はいこう》などにも疑問点が多い。因みに、本稿で取り扱う陶弘護と遺児三人[1]に関して前述の『新撰大内氏系図』からその要領部分を摘出したものを次頁に掲げることにした[2]。

これによれば、弘護の遺児三人のうち長兄の武護と二男の某（興明）は「早世」あるいは「夭」（夭折）したために、三男の興房が陶氏を継嗣したものと解される。ところが、武護は早世したにも拘らず彼の下には子供四人の名前を配している。また、武護が実名を名乗り「中務少輔」の官途名を得ていることも「早世」とは相容れない記述と言えよう。さらに、二男の興明を「夭」と記す一方で、武護の長男に同じ人名を配すなど、右の系図には不可解なことが多い。ただし翻って考えると、こうした系図上の疑問点は、その背後に潜む複雑な事情や事件の存在を窺わせる。つまり、弘護の死去後未だ若年の遺児たちが、大内氏家中のもめ事に巻き込まれていった可能性も存するのである。

図I―1　陶氏系図（抄）（『近世防長諸家系図総覧』より）

弘房

弘護　鶴壽丸　五郎　尾張権守　尾張守　越前守

周防筑前守守護代
母　仁保盛郷女
康正元年乙亥九月三日誕于防州山口私第
文明十四年五月廿七日與吉見能登守信頼有宿意倶闘
死於大内殿中廿八歳
法名昌龍院殿建忠孝勲大居士
妻　益田越中守兼堯女
　大永五年乙酉九月廿六日卒　法名龍豊寺殿咲山
　妙听大姉

弘詮　三郎　右田中暬　陶兵庫頭　陶安房守

筑前守護代
父弘房一旦雖繼右田家後歸陶家依是使弘詮繼右田
家
文明十四年兄弘護遇害其子三郎幼稚也大内政弘爲
名代陶氏可上洛之旨有將軍家御教書依之弘詮暫稱
陶氏改兵庫頭帥軍上洛數勵勲功將軍家吹擧叙從五
位下

隆康　称右田氏　又称陶氏　右馬允

天文二十年八月廿九日於山口法泉寺戰死

興就　三郎　死去年月不知

女子　陶尾張守興房室

隆弘　陶中務少輔
於法泉寺父一所討死

元弘　鶴千代　八郎
稱母家宇野氏

武護　鶴壽丸　三郎　五郎　中務少輔　早世

房賢　五郎三郎　上總介　尾張守

興明　五郎

年月不知於富田被擊

隆胤　伊豫守

晴之　兵庫頭　十九歳而戰死

女子　宗像大宮司氏定妻　興氏母恐誤歟

某　興明　夭

興房　三郎　中務少輔　尾張守

入道祥岩道麒道麟
周防守護代
天文八年己亥四月十八日卒　法名大幻院殿透麟道
麒大居士
母　益田兼堯女
妻　右田右馬允隆康妹　天文廿四年七月十八日卒
　法名大義院殿觀室永喜大姉

女子　宗像大宮司氏定妻興氏母

女子　宗像大宮司興氏妻

女子　内藤掃部妻

興昌　或興次　次郎

享禄二年四月廿三日死二十五歳
法名信衣院春翁透初大禪定門

晴賢　從五位下　從五位上　初隆房　五郎　中務権大輔　中務大輔　尾張守

法名卓錐軒呂翁全薑
母　右田隆康妹
或曰實問田紀伊守嫡子而興房姉所生之子也興房實
子五郎義清于時十五歳無道而不應父意故鴆殺之而
以晴賢爲養子
妻　内藤左京大進隆時女
法名照山妙金大姉

果たして弘護の遺児三人が遭遇した事件とは何か。また、この事件を明らかにすることによって、陶氏の家督相続が通説のごとく弘護から興房へ平穏無難にはなされていない事実も指摘したい。大方のご批正を賜れば幸甚である。

(一) 陶　弘護の急死

(1) 「陶弘護肖像賛」の記述

良質なものの少ない陶氏関連史料の中にあって、識者が信頼できるものの第一に挙げるのが右の標題史料である(3)。これは弘護没後二年目の文明十六年（一四八四）に、この時すでに完成していた彼の肖像画に惟参周省が賛を添えたもので、周省は山口の保壽寺梵頴癡鈍の鉗鎚《けんつい》を受けて師跡を継ぎ、岩国の永興寺住職なども務めた高僧である(4)。大内氏の信任帰依極めて篤く、主従との交流も頻繁であったことから、彼の記した「陶弘護肖像賛」は信憑性の高い同時代史料と言えるのである。

弘護の肖像賛には大内氏の来歴に続けて、その分脈である陶氏の系譜を記し、陶氏は二代弘政が吉敷郡陶村から都濃郡富田保に移ったこと、弘政の子弘長以後の当主は大内氏政権の中枢に位置し、長門・周防などの守護代を歴任してきたことなど、後代の陶氏系図作成に資する事柄が略述されている。

弘護については当然ながら記述が詳細で、彼は父弘房の息男として康正元年（一四五五）九月三日に山口の私第で生まれている。幼名は鶴壽丸、通称を五郎と言い、文明元年（一四六九）十五歳で加冠、主君大内政弘の偏諱《へんき》を受けて弘護と称した。同二年十六歳で周防守護代となって大内氏政権の中枢に関与、同年政弘の伯父大内教幸の反

乱に誘われたがこれに従わず、翌年教幸を滅ぼした。また、同九年政弘が京都より帰国すると弘護は留守中の功を讃えられ、これより日常座臥君側に侍するとともに、翌十年には筑前守護代として少弐氏征伐に従った。

しかし、同十四年五月石見国津和野の吉見信頼が山口に大内氏を訪ねた際、異変が生じた。政弘は宴を設けて諸将を饗したが、その席上で弘護と信頼の間に隙が生じ、両者ともに死去するという事態を招いた。この時弘護は二十八歳であった。政弘はいたくその死を惜しみ、世人も彼の驍勇《ぎょうゆう》を慕い、忠義に感じない者はいなかったと記されている。

陶弘護の最期については肖像賛は深く言及していないが、『蔭涼軒日録』長享三年（一四八九）正月三十日の条には(5)、「先年於二大内之第一有二酒宴一、吉見三郎殿(信頼)廿一歳殺二陶中書(弘護)一、内藤弾正(弘矩)當座殺二吉見一云々」と、その場の様子を詳しく伝えている。通説では弘護が信頼を刺した後で自分も相手に刺されて死んだように伝えられているが(6)、右の史料は先に刺されたのは弘護であり、信頼は弘護を刺した後内藤弘矩に討たれたと、通説とは異なる事実を伝えている。また、両者が対立するに至った原因については『萩藩閥閲録』所収の「上領氏系譜」に、次のような記事が収められている(7)。

写真Ⅰ－1　陶　弘護画像と賛
徳山市龍豊寺所蔵（徳山市立美術博物館寄託）

　文明十四年五月廿一日、吉見信頼防州

山口陶中務少輔弘護押寄宿所、討果弘護、意趣ハ弘護領地之隣境を諍ひ或及合戦或及諍論、故弘護、信頼謀叛之由を披露大内家、信頼居城石州一本松之城江従大内差向検使糺實否、信頼全無謀叛之意、仍不及子細、此外信頼被恨弘護事多、因茲散鬱憤、此時信貞従軍して文明十四年五月廿一日戦死

文明十四年（一四八二）五月二十七日の山口における異変は、陶氏と吉見氏の長年にわたる所領紛争が原因であった。陶氏は周防国富田保の地頭職に補任されてこの地を本拠としたが、次第に周辺の公領や私領を侵食し、佐波郡得地（徳地）辺の領有をめぐって吉見氏と対立に至ったものと考えられる。右の事件発生の直後大内政弘は吉見氏の討伐に兵を出し、陶氏の親類や家臣たちは政弘が兵を引いた後も吉見氏の所領内で違乱行為をしたので、吉見氏が幕府に訴え出るという一幕もあった(8)。

(2) 右田弘詮の後見

「陶弘護肖像賛」の末尾には「娶二石之益田藤氏一、産二三男一女一、家奉而戸亭」と記している。弘護の室は石見国益田の七尾城を本拠とした益田兼堯の娘で、二人の間には男子三人、女子一人の子供がいた。名前などの具体的なことは何も記していないが、男子三人については「末武本大内氏系図」(9)に、武護・興明・興房の名前を充てている。後代に作成された「陶氏系図」がこれらの史料に依拠し、その後の研究によって兄弟間の輩行や受領《ずりょう》・官《かん》途名《どめい》などが追加され今日に至っていることは言うまでもない。

ところで、文明十四年に弘護は二十八歳で急死したから、遺された三男一女の子供たちは未だ幼少であったと思われる。陶氏の当主弘護が急死した後陶氏はどうなったか、そのことを知らせるのが次の大内政弘書状である(10)。

弘護事旨儀有之、与吉見相果、是以對當家忠義之段更ゝ無是非候、不慮之事出來、口惜殘念無申計候、因茲其

境宰府彌堅固可為了簡候、弘護所領對子息安堵之儀者、従是以使可申入候、其元無異儀候様ニ才判尤候〳〵、謹言

（文明十四）五月廿八日　　政弘

右田弘詮 陣所

弘護が不慮の死を遂げたその翌日に、大内政弘が弘護弟の右田弘詮に宛てた文書である。弘詮は父弘房と同様右田氏を継いだが、兄弘護が急死したために実家陶氏のことについて政弘から何かと相談を受けることになるのである。文書の内容は政弘が弘護の遺領を彼の子息に安堵する旨、一族の中心である弘詮に伝えたもので、陶家は弘護の遺児が受け継ぎ、彼等が成長するまでの間弘詮が後見することになるのである。「陶氏系図」の弘詮の項に「暫称陶氏」とあるのはまさにこの間の事情を物語っている。

(3)　武護の家督相続

大内弘政が右田弘詮に宛てた文書は右のほかにもう一通存する。書記年次を欠いているがその内容から文明十五年（一四八三）に出されたもので、弘護の長男「三郎」（武護）の消息を知る上で注目される[11]。

従京都公方家被成御教書、陶可差上之旨嚴重之事ニ候、三郎幼稚候条、御手前事彼方名代ニ早速被至上洛候者可為本望候、城守警之儀者胤世可被申談候、委曲青越ニ申合候、謹言

（文明十五）正月二日　　政弘

右田弘詮 陣所

尚〳〵とかく多人數無用にて候、第一箱崎無心元候、多勢者可有遠慮候〳〵、以上

内容は京都公方家（足利義尚）より軍勢の督促があり、陶三郎が幼少のために叔父の弘詮が陶氏名代として上洛して欲しい旨を伝えている。文中に「三郎」とあるのは弘護の長男武護のことで、武護は幼名を鶴壽丸、通称を「三郎」「五郎」と称した[12]。この三郎が幼稚のため叔父弘詮の上洛を促す内容となっているが、武護はこの時点で通称名の三郎を称しているからすでに元服は済んでいたものと考えられる。一般に男子の元服は五、六歳から二十歳ぐらいの間に行われるから[13]、実年齢は確定できないが三男一女の長兄ということから推定して十二、三歳には達していたのではあるまいか。したがって、右の「三郎幼稚」の解釈は武護が年齢的に幼児・幼少ということではなく、元服後ではあるが未だ軍勢を引き連れて上洛するまでには至っていないと解すべきであろう。

この武護が「中務少輔」を名乗り、陶氏当主として活動を展開するのが五年後の長享二年（一四八八）頃からである。大内奉行衆から「陶中務少輔」宛の長享二年文書が『大内家壁書』に所収されており[14]、また、この二年後の延徳二年（一四九〇）には、次のような文書を発給している[15]。

富田上村内井谷稲吉名伍石地事、為神上宮ノ坊領宛行者也、朝暮勤行有其沙汰、然者守先例知行不可有相違状如件

延徳貳年十月十八日　（陶）中務少輔武護（花押）

神上
宮□□宗

都濃郡富田保は陶氏が二代弘政以降城を構え居館を置いた本拠地である。同保内下上村武井に鎮座する神上神社の宮ノ坊に対し、上村内の井谷稲吉名伍石の地を支給したもので、延徳二年に武護が中務少輔の官途名を有し、領

内の神社へ所領を宛行《あてが》っていることが重要である。

長享二年は父弘護の死から六年を経過している。父の生前に元服を終えていたことから推理すると、武護が中務少輔の官途名を称したのは十七、八歳頃であろう。したがって、前掲の「陶氏系図（抄）」に「武護早世」と注記するのは、史実と一致しないばかりか世間一般の誤解を招く要因ともなろう。右に掲げた延徳二年の宛行状《あてがいじょう》などは武護が陶氏の家督保持者としての行為であり、しばらくは叔父弘詮の後見を受けたとは言え、陶氏の新当主として活動する武護の存在を広く容認しなければならない。

(二)　武護の遁世と興明の悲運

(1)　周防富田合戦

室町時代、京都相国寺の鹿苑院蔭凉軒主の公用日記である『蔭凉軒日録』には、大内氏の京都での動静だけではなく地元周防国での出来事も散見する。その延徳四年（一四九二）七月二日の条に(16)、「早旦顕等来云、大内被官陶遁世在二天王寺一云々」と、記事の簡略さとは対照的に陶氏にとって重大な事実を伝えている。延徳四年は前述の陶中務少輔武護宛行状の発給からわずか二年後である。この間の武護の行動を確認すると、大内政弘は前年の同三年に上洛して新将軍足利義稙を援けて六角氏を討ち、翌四年には嫡子義興を参陣させたりしているから、家臣の武護はこの大内氏父子のどちらかに従って上洛したものと考えられる。したがって、遁世したのは武護自身であり、この異変が生じたのは大内氏主従が上洛中の出来事ということになるが、このことに関連した史料は他にも存在する。例えば『晴富宿祢記(17)』は、武護の遁世だけでなくその後の行動についても、次のような記事を載せている(18)。

（明応四年三月二十一日）
競秀軒秀文首座（大内京雑掌）来臨、（中略）防州大内一族陶以前権介上洛時、在京之内令遁世、今又帰防州、舎弟陶継（五郎）家居兄遁世之跡之処、二月十三日為舎兄之所為、押寄舎弟当陶宅討伐之、（中略）自四五ヶ日以前風聞之間、相尋之処、今日首座来臨相語之、陶舎兄遁世僧也、名宗景云々、継家舎弟十三日討伐者陶五郎云々、（中略）宗景僧即時没落、赴高野云々

これによると、武護が遁世したのは前の記事と同様、明応四年（一四九五）の三年前すなわち延徳四年の大内権介（義興）上洛中のことであったが、遁世の理由については依然不明である。陶家は舎兄武護に代わって舎弟の五郎が継ぐことになったが、この五郎は弘護の遺児三人中の二番目、すなわち興明である。ところが、明応四年二月十三日になって遁世した武護（宗景）が周防国富田に現れ、弟の興明を討伐したというのである。武護の突然の遁世も不可解であるが、これに続く武護、興明の兄弟間の対立は一層理解し難い出来事と言えよう。

戦場となった富田保下上には陶氏の居館が存するだけでなく、この戦いで死去した弟興明の供養塔も発見されている[19]。この供養塔には「春圃英公／明應四乙卯二月十三日」とあり、興明の法名と彼が死去した年月日を記している。この紀年が右に引用した文献と内容的に一致することも、より一層史実の確かさを物語っている。尚、事件後に富田を立ち去った武護について、右の史料は紀伊高野山へ赴いたように記しているが、「陶氏系図」の中には武護の項に「於姫山討死」と添書したものもあって[20]、彼が事件後内藤氏を頼ったことを窺わせている。

(2) 興明の関連史料

明応四年の富田合戦で兄武護に討たれた興明について、陶氏と関連の徳山市大道理の龍豊寺には「春圃孝英大禅

定門、明應四（年次）二月十三日、生年十九歳」と記した過去帳が残っている(21)。断片的な記録ではあるがこの過去帳によると、興明は明応四年に十九歳で死去したことが知れ、逆算すると文明九年（一四七七）、父弘護二十三歳の時に誕生したことになる。

この興明が陶氏を継ぐのはもちろん兄の武護が遁世したからである。この間の事情は前引の『晴富宿祢記』に詳しいので、ここでは興明が陶氏を継いだ延徳四年（一四九二）から明応四年（一四九五）までの三年間の動静を、残された関連史料によって具体的に述べることにしたい。

(A)　陶　興明文書(22)

（ウハ書）「益田殿御返報　　（陶）興明」

御札令拝見候畢、抑如仰旧冬者預御使僧候之間、委細申入候之処、御懇示預候、誠以畏入候、殊ニ御太刀拝領候、慇懃之至候、其已後庄内辺弥無為之儀、千秋万歳候、猶委曲勝達坊可被仰候之間、令省略候、毎事重〻可申述候、恐〻謹言

（明応二）卯月八日　　（陶）興明（花押）

益田殿

御返報

陶興明が石見の益田氏に宛てた太刀拝領の礼状である。益田氏とあるのは同氏十七代の宗兼であろう。宗兼は興明の姉妹を妻に迎えており(23)、興明の家督相続を祝して太刀を贈ったものと考えられる。問題はこの文書の書記年次だが、兄武護の遁世は延徳四年（明応元年、一四九二）であるからこの翌年の明応二年とするのが妥当であろう。

前の『晴富宿祢記』に「舎弟陶継家居云々」と、陶家は遁世した兄武護に代わって弟の五郎興明が継いだことを伝えているが、右の文書はこうした史実を立証する直接の証拠と言えよう。

(B) 陶 興明(24)

分領末武内日面寺領事、任先例寺務領掌不可有相違之状如件

明應参年五月九日　(陶)興明(花押)

日面寺重藝

(C) 陶 興明文書(25)

当寺住持職并当知行地事、任快哉院殿(弘房)昌龍院殿(弘護)証判之旨、寺務領掌不可有相違之状如件

明応参年九月廿日　(陶)興明(花押)

満願寺

右の両文書は興明が発給した寺領の安堵状である。(B)は久米村東坂本旧在の曹洞宗日面寺宛、(C)は富田保別所に旧在した真言宗満願寺宛のもので、ともに興明が陶氏の家督を継いでいたことを証する貴重な史料である。特に(C)の満願寺宛では同寺の住持職と寺領を、祖父の弘房(快哉院)や父弘護(昌龍院)の例に倣って安堵する旨を伝えている。

興明は通称を「五郎」と称するだけで幼名などは不明であるが、実名の「興明」は大内義興の偏諱《へんき》を受けてのものであろう。義興は武護の遁世後直ちに弟の興明を陶氏の当主に据えた。ところが、前述のごとく明応四年の二月

十三日、遁世して行方不明となっていた兄の武護が突然に郷里の富田に舞い戻り、弟の興明を討伐したのである。悲運の興明は弱冠十九歳でこの世を去ったことになる。

この興明について「陶氏系図」が「夭」と注記するのは武護の「早世」と同様不適切であるが、「武護―興明」と両者を縦の実線で繋げるには意味があり、説明を要する。普通に解すれば武護と興明は父子の関係であるが、右に述べたごとく、二人は兄弟であっても兄の武護が家を出て弟の方がその跡を継げば同じような系図が作成される。その場合両者が兄弟の関係にあることを告げるために＝線を引くのが系図作成の基本であるが、伝来する「陶氏系図」の写本にはそうした配慮が見られない。

問題は明治以降の後代になって「陶氏系図」の作成が試みられた際、当然学問的に吟味されるべき事柄がそのまま看過されてきたところに存する。系図中の人名に添書された注記事項は、断片的であるがために説明がないままでは誤解が生じるだけでなく、反対にせっかく注記されているにも拘らずこれが生かされないことにもなる。例えば、武護の下の興明の項に「年月不知於富田被撃」と注記してあるのは、既述の武護・興明兄弟間に勃発した富田合戦の結末を直接に表記したものであろう。こうした注記が古写本の系図類に記されていても、この背後の史実については関心が向けられなかったために、単なる断片的な記事として看過されてきたのである。

(三)　幸運の興房

(1)　興房の家督相続

陶弘護の遺児三人のうち、二男の興明は明応四年（一四九五）の富田合戦で死去した。兄武護によって討たれたのである。こうした陶氏内部の内訌《ないこう》を主家の大内氏が黙視するはずはなく、事件発生の直後に義興は武護の追討を下命した(26)。次の文書は義興が右の事件が発生した十日後に発給した陶武護（宗景）の追討状である(27)。

爲陶中務入道宗景對治令進発候、即時没落無念之至候、落所未聞候、猶以隠置能美嶋候歟、可糺明候間、海上之儀別而御奔走可為祝着候、其外彼凶徒居住之在所候者、尋求討捕候様、可被加下知之条肝要候、仍左京大夫得此旨、可申之由候、恐〻謹言

（明応四）二月廿三日　　義興　判

阿曽沼民部大輔（弘秀）殿

宛名の阿曽沼氏は安芸国鳥龍山城（広島市）を本拠とした小豪族で、瀬戸内海側を抑えていたから能美島辺の捜索を命じられたのである。また、武護の行方について前掲の『晴富宿祢記』には「宗景僧即時没落赴高野云々」とあり、彼は大内氏追捕の網を潜り抜けて紀伊高野山へ辿り着いたのかもしれない。そうすると彼が山口の姫山で討たれたとする前述の記録(28)は右の事件からしばらく後のこととなるが、没落後の武護の消息は依然不確かのままである。

中兄興明の死去に続く長兄武護の出奔で、陶家に残ったのは末弟の興房だけである。彼について「陶興房壽像賛」には(29)「弘護有㆓三男㆒、其二者夭傷、居士当㆓其三㆒、幸而継㆑家、天與也、非㆓人謀㆒矣、其為㆑人寡言而仁義忠孝為㆑焉云々」とあるが、これは永正十年（一五一三）に龍文寺六世の春明師透が記したもので、興房が実際にいつ頃陶氏の家督を相続したかは分からない。ただ、陶氏が遭遇した不幸な事件からして興房の継嗣は急がれたであろうことは容易に想像される。しかし、明応や次の文亀年間に発給された興房文書は未だ発見されておらず、陶氏を後見してきた叔父弘詮のものが数を増している。

このことは言うまでもなく興房の年齢と無関係ではない。父弘護の没した文明十四年（一四八二）の生まれとすると、明応四年（一四九五）は興房十四歳である。この時すでに元服を済ませ実名の「興房」と通称の「三郎」を称し、陶氏の家督を相続していたとも考えられるが、これを傍証する史料を欠いていることは、元服の儀はともあれ彼の家督相続がもう少し遅れたことを示唆している。興房が発した文書として最初に確認できるのは、次の永正二年（一五〇五）のものである[30]。

禁制　　禪昌寺

右、當寺甲乙仁等濫妨狼藉事、堅被加制〇（止イ）畢、若有違犯之輩者可處嚴科之由、依仰下如件

永正貳年二月六日　　中務少輔（陶興房）　判

これは興房が大内義興の命を受けて、山口の小鯖にある禅昌寺に禁制を発したもので、禅昌寺側にはこれに類したものが三点保存されている。その最初は文明三年正月日付の弘護文書で、興房のものは右引用と永正拾五年十一月七日付の二点である。弘護、興房ともに周防守護代に就任しているからこれら三点をその任務遂行に伴う関連文書と解すれば、永正二年には興房が周防守護代の地位にあったことになる。また、興房が名乗る「中務少輔」は兄の武護も称したように、陶氏歴代の多くに授けられた官途名である。興房も永正年間に入ってからは陶氏の新当主としてその列に席を並べるに至ったのである。

(2)　周防守護代補任

陶興房が周防守護代に補任されたことを文書の上で確認できるのは永正三年（一五〇六）からである[31]。周防守護代は陶氏が五代盛政の就任以来弘房、弘護と世襲してきた地位で、弘護の死後はしばらく中断したが興房代に至

ってようやく陶氏が回復したのである。大内義興は周防・長門・石見・安芸の中国地方に加え、北九州の豊前・筑前、それに山城の守護を兼帯し「七州の太守」とまで言われたが、この中でも周防国は大内氏歴代の本拠地であり、その守護代に陶氏が補任されたことは、同氏にとってこの上ない名誉であるばかりか、大勢の大内氏家臣団の中にあって陶氏をその第一、大内政権の柱石と称する所以もここに存する。

そして、興房は同六年（一五〇九）に陶氏がこれまで本拠としてきた富田保の地頭職預状を東大寺に提出した。防府上司家に伝えられたこの時の興房文書は、次のごとくである(32)。

預申、東大寺領周防富田保地頭職事

右、當保者東大寺修造要脚也、依二嚴密御沙汰一所レ有二一圓遵行一也、而就二歎申一所レ被レ給也、仍可レ辨二済年貢一條之事

一、雖レ爲二當保土貢抜群之地一、近年令二減少一間、毎年地頭得分米伍百石分、自二當年一無二未進懈怠一、可レ致二其沙汰一事

一、干水風損並臨時課役・萬雑公事・軍役等雖二出來一、以二此得分之内一、不レ可レ申二立用一之、但天下平均大損亡時者、可レ被レ遂二検見一事

一、年貢運送時者、十一二両月中、國庁納所可二送渡一候事

以前条々如レ斯、若此分雖レ為二一事一有二違変一者、一同被レ召二上當保下地一之時、不レ可レ申二一言子細一、若致二違乱煩一者、被レ申二公方一、於二自余所帯之地一、可レ被二召放一、若此条偽申者、奉レ始二梵天帝釈・四天王一、日本國中大小神紙、殊者大仏八幡並當氏神等御罰可レ蒙、仍為二後日一預申状如レ件

永正六年九月五日　　（陶）中務小輔興房　判

周防国は源平合戦で焼失した東大寺再建の際、その造営料国に指定されて以来東大寺と関わりを持ってきたが、東大寺は永正五年の足利義稙の将軍復職と大内義興の官領代就任を契機に、国衙領の総還付を要求してきたのである。その結果周防国では全体で三四か所の返還がなされた[33]。しかし、この後も現地で国衙領を支配し年貢課役の徴収に当たるのは保司や地頭であるから、彼等を罷免することはできず、したがって、右のような業務の遂行を誓約させた預状を書かせ、実質的にはそれまでの地頭職を再補任することとなったのである。

さらに、興房は同八年（一五一一）九月頃に父弘護と同じ「尾張守」の受領名を拝任している。したがって、これ以降はそれまでの「中務少輔」に代えて尾張守を称することになるが、その初見は次の文書である[34]。

在京馳走、剰有調儀、至丹波国下向之處、遂供奉之、去年廿四日帰洛船岡山（山城）合戦之時、於陶尾張守興房一所太刀討分補頸一本郷宮内大輔并被切疵右腕矢疵二ケ所左足之次第、注進一見了、感悦非一之、仍為忠賞、令吹挙左衛門尉者也、弥可抽忠節之状如件

永正八年九月廿三日　　（大内義興）御判

（内藤興盛宛）

これは同八年二十四日、京都船岡山（京都市北区）に陣した細川澄元・同政賢・同元常の兵を足利義尹（義稙）・細川高国・大内義興の兵が破った時のもので、陶興房は大内軍の前駆として出陣、内藤左衛門尉（興盛）の活躍について興房が大内義興に注進し、右の感状の発給に至ったのである。興房の尾張守叙爵も実は右の合戦の活躍によることはこの二年後に記された興房の壽像賛によって明らかである[35]。しかし、史料の中にはこれより五年前の永正三年にすでに興房が尾張守を称していたとするものもある。それは「平賀九郎兵衛家文書」所収の大内義興文書で[36]、これには次のようなことが記されている。

御出陣之由陶尾張守《(興房)》注進候、御馳走祝着候、弥入魂可為肝要候、委細陶可申候、恐々謹言

卯月《(永正三)》廿六日　　　　　　　　義興《(大内)》　判

平賀尾張守《(弘保)》殿

右文書の括弧内は編者の注記で、紀年の「永正三年」は間違いである。それはこの文書の末尾に収録された「平賀氏系図」の弘保の項に「永正八年八月廿四日将軍義尹自丹波州伐入京都之時、於船岡山《(山城)》被疵、依戦功無比類、任尾張守、頂戴御感状、有大内殿《(義興)》副状」とあって、平賀弘保の尾張守叙爵は同八年の船岡山合戦の後であることを知らせている。したがって、右文書の紀年は翌九年以降でなければならず、当然のことながら陶興房が尾張守を称したのも前掲の同八年九月廿三日付の大内義興感状よりはさかのぼらないのである。

(3)　興房の晩年

周防守護代に続けて尾張守叙爵は、興房の辿った人生の軌跡が二人の兄武護・興明とは違って順調であったことを知らせている。彼の人となりは寡言にして仁義忠孝、文武兼備の武将であった(37)。日頃仏乗に意をひそめ禅侶に親しんでいたが、船岡山合戦を終えて郷里に帰ると、永正十年（一五一二）には瑞夢を得て法名を道麟とし、菩提寺である長穂龍文寺の侍衣寮を修築して信衣院に改めたりしている(38)。

しかし、義興、興房主従の時代は戦国の争乱期で、大内氏領国の安芸・備後では義興の京都滞留の間に出雲尼子氏の侵入や安芸分国守護武田氏の勢力挽回の動きがあり、興房の出陣回数も次第に増えていった。

大内義興は領国経営が未だ定まらぬまま、享禄元年（一五二八）十二月廿日に死去し、嫡子の義隆が嗣立した。この頃の興房関連史料には「前尾張守」と記されたものが散見する(39)。また、同四年には剃髪して「尾張入道道麟」

または「道麟」とも称している(40)。義興の死去を契機に政治の第一線から身を引く決意をしたものと考えられるが、興房にとって不幸なことは長男の興昌が同二年四月二十三日に死去したことである。六年前の大永三年(一五二三)に父とともに安芸に従軍し、途中病に罹っての死去であった。系図に享年を二十五歳と記している(41)。

興昌の後は弟の隆房(晴賢)が継いだ。隆房は天文六年(一五三七)に十七歳で従五以下に叙され、中務権大輔を称している(42)。父興房が死去したのはこの二年後、つまり同八年四月十八日であった。法名は大幻院殿透麟道麒といい、彼が父母のために建立した建咲院(新南陽市)と妙壽院(佐波郡徳地町)の二か所に宝篋印塔形式の供養塔が遺存している(43)。享年は不明であるが父弘護の没した文明十四年(一四八二)に生まれたとすると、五十八歳の往生であった。

むすびに

陶氏は大内氏の重臣として、五代盛政以降は周防守護代を世襲し、主家の領国経営に尽力してきたが、盛政の孫弘護が二十八歳の若さで急死したためにその勢力は一時頓挫した。具体的に言えば、弘護が没した文明十四年(一四八二)から彼の三男興房が陶氏当主として周防守護代を回復する永正三年(一五〇六)までの二十四年間が、陶氏にとって正に苦難と試練の期間であった。

ところが、陶氏に対する一般の理解は、弘護の死去後は弟の右田弘詮が後見し無事興房に受け継がれたかのごとく、この間のことは余り問題にされていない。つまり、本稿で指摘した武護と興明の存在や彼等が遭遇した事件などは全く等閑視されてきたのである。その原因はすでに本文でも触れたように、世間一般に流布している「陶氏系図」が長男の武護を「早世」、次男の興明を「夭」と記したところに存する。この記述をそのまま受け容れれば弘護以後の陶氏は三男の興房から筆を起こさざるを得ないが、実際に武護と興明の足跡を追うと彼等は元服して実名を名乗り、中務少輔の官途名も称しており、短期間ではあっても陶氏の家督を相続していた事実が判明したのである。

解明された新たな事実や事件を顧みると、これらが陶氏の内訌に留まらず、主家の大内氏や内藤・杉の両氏とも関係していることが知れる。詳しく言えば、富田合戦が起きた明応四年二月三日のわずか十五日後には内藤氏当主の弘矩と子の弘和が大内義興によって討たれている。このことを内藤氏譜録では(44)弘矩の項に「明應四年二月廿八日為二陶中務少輔武護一、於二防府一被レ誅五十歳、其子彌七弘和父与同死」と記し、陶武護の事件が内藤氏父子の死去に絡んでいることを認めている。また、『晴富宿祢記』では大内氏の雑掌競秀軒秀文が語ったこととして、この事件の詳細を次のように述べている(45)。

（明応四年二月）廿八日、内藤肥後守《(弘矩)》於二大内左京大夫《(政弘)》入道宅一招二寄之一伐レ之、（中略）自京兆入道息権介《(義興)》等発向之、討二内藤子一、国々駆動言語道断也（中略）、内藤者宗景僧伐二舎弟陶五郎一之時令二同意一、左京兆及二此沙汰一云々

すなわち、陶武護が弟の興明を襲撃した際、内藤氏の当主である弘矩は武護に同意したことが窺われる。そのために弘矩は子の弘和とともに大内氏の誅伐を受けることになったのである。

明応四年の富田合戦は一見すると陶氏兄弟間の内訌と映るが、事件の根は意外に深く、大内義興・陶興明と陶武護・内藤弘矩同弘和の対立の図式が浮かんでくる。大内氏はこの事件が発生する前年に、政弘が中風を再発して義興が後を継いだばかりである。富田合戦がこの大内氏の継嗣問題と関わりをもっていることは否定できないであろう(46)。

ともあれ、この明応四年の事件で陶氏は二男の興明が斃れ、長男の武護は富田を出奔し行方をくらました。武護の出奔は大内氏の報復を懼れてのことである。なぜなら彼が殺害した興明は大内氏によって陶氏の後継ぎに据えられていた人物だからである。武護は肉親の実弟を手に掛けただけでなく、主君大内氏が下した措置にも叛した重罪人ということになるが、しかしこれは結果論であって、武護には大内氏への不満が事件発生前にすでに心底にあり、そのために大内氏の措置を無視し反抗的行為に至ったものと解されるのである。この武護の動きに長門守護代の内藤弘矩が予め同意していたことはすでに述べたごとくで、陶・内藤の両氏が大内家臣団の中枢にあるだけに背後に潜む問題は大きいのである。したがって、このことの詳細は他の機会に取り上げることを約し、本稿の擱筆《かくひつ》としたい。

【注】

(1) 弘護には「三男一女」の計四人の子供がいた。本稿では三人の男子を対象とするので彼等を「三人の遺児」と呼ぶことにした。女子については後述。
(2)『近世防長諸家系図綜覧』付録（防長新聞社、昭和四十一年）。
(3)「防長寺社証文」(『萩藩閥閲録』第四巻、三九六頁)。尚、本体の陶弘護肖像画は雪舟の作品とも言われ、室町時代の武将肖像画の逸品として昭和四十九年に国の重要文化財に指定されている。現在は徳山市美術博物館に所蔵。
(4)『山口県文化史』（昭和二十六年）四〇二頁。
(5)『山口県史』史料編中世Ⅰ（山口県、平成八年）、一五五頁。
(6)『徳山市史』上巻（徳山市、昭和五十九年）、二九二頁。
(7)『萩藩閥閲録』第二巻、三八七頁。
(8)『益田家文書』五七―一八（『史料集益田兼尭とその時代』所収、益田市教育委員会、平成八年）。

（9）この系図は流布本中の善本で、成立は大内氏盛期の享禄年間（一五二八～三二）頃であろう。「大内氏系図」は義興代まで、「陶氏系図」は興房代までとなっている。（写本は山口県文書館に所蔵）
（10）「宇野与一右衛門家文書」（『萩藩閥閲録』第二巻、四七六頁）。
（11）同右、四七七頁。
（12）前掲『近世防長諸家系図綜覧』付録所載の「新撰大内氏系図」。
（13）『国史大辞典』第五巻（吉川弘文館、昭和五十九年）二一四頁。
（14）近藤清石『大内氏実録』（マツノ書店、昭和四十九年復刻）一四二頁。
（15）『防長風土注進案』第八巻（山口県立山口図書館、昭和三十九年）六七頁。
（16）前掲『山口県史』史料編中世Ⅰ、一六二頁。
（17）同書は室町時代の官務、壬生（小規）晴富の日記。応仁・文明の乱後の公武の動向や社会情勢についての記述に加え、大内氏の京都雑掌競秀軒秀文首座から聞いた大内氏主従の動向などが記されている。
（18）前掲『山口県史』史料編中世Ⅰ、三三四頁。
（19）この供養塔は室町時代の小宝篋印塔で、昭和六十一年に徳山市下上横矢の地蔵堂から発見されている。（拙稿「陶氏供養塔の発見」『徳山大学論叢』第二十九号、一九八八年）
（20）島田貫道『防州山口築山屋敷盛衰』（宝暦八年）所収の「大内家譜」など。
（21）龍豊寺の開基は陶弘護室の益田氏で武護と興明の生母の咲山妙听大姉である。また、同寺には下上横矢で発見された興明の供養塔と同じ内容の宝篋印塔が遺存している。
（22）前掲『益田家文書』六四。
（23）弘護の遺児「三男一女」の一女について、前掲の「新撰大内氏系図」には「宗像大宮司氏定妻興氏母」と注記されているが、益田氏側の史料によると弘護の娘は益田宗兼に嫁している。
（24）「氷上山興隆寺文書」（『防府史料』第五輯、防府史料保存会、昭和三十七年）。

(25)『防長寺社由来』第六巻（山口県文書館、昭和六十年）二七九頁。
(26)大内政弘が死去するのはこの年（明応四年）九月十八日であるが、政弘が前年に中風を再発し、代わって義興が家督を継いだ。
(27)前掲『萩藩閥閲録』第一巻、八三五頁。この文書は年次を欠いているが、文中に「左京大夫得此旨、可申之由候」と、義興が政弘の内諾を得て出している。政弘が病気中の明応四年のものと見て間違いない。
(28)注（20）参照
(29)前掲『萩藩閥閲録』第四巻、四一一頁。
(30)「防長寺社証文」（『萩藩閥閲録』第四巻、四三二頁）。尚、この文書には「中務少輔」とあるだけで興房の署名はないが、翌三年七月廿四日付の仁保家古証文などには「中務少輔興房」の署名と在判が残されている。（『防長風土注進案』第十三巻、一八五頁）
(31)田村哲夫「守護大名大内家奉行衆」（『山口県文書館研究紀要』第五号、昭和五十三年）。
(32)『徳山市史史料』上巻、一一頁、『新南陽市史』（昭和六十一年）二三七頁。
(33)前掲『新南陽市史』二三六〜七頁。
(34)前掲『萩藩閥閲録』第三巻、一五九頁。この文書の宛名について編者の永田政純は「充所切テ無之」と注記し、括弧して内藤興盛の名前を記している。
(35)壽像賛には「不ㇾ謬㆓府君入幕賓㆒、相公封以㆓尾州爵㆒云々」とある。（前掲『萩藩閥閲録』第四巻、四一三頁）
(36)前掲『萩藩閥閲録』第三巻、六六四頁。
(37)「陶興房壽像賛」（『萩藩閥閲録』第四巻、四一一頁）。
(38)同右。
(39)佐波郡松崎天満宮の享禄二年棟札や同二年二月十日付文書など。
(40)前掲『大内氏実録』二三四頁。
(41)徳山市下上横矢の海印寺に興昌の供養塔が保存されている。小宝篋印塔の塔身には「春翁透初／享禄二（年欠）六月十二日」と興昌の法名と紀年が記されている。興昌の死去後四十九日目の造立である。（『徳山市社寺文化財調査報告書』平成三年、一五一頁）
(42)山科言継『歴名土代』（『山口県史』史料編中世I、六一六頁）。

(43) 播磨定男監修『防長の歴史研究』第一集(昭和五十二年)五〇頁。
(44) 前掲『萩藩閥閲録』第三巻、一七〇頁。
(45) 前掲『山口県史』史料編中世I、三二四頁。
(46) この点については前掲の拙稿「陶氏供養塔の発見」ですでに指摘した。

《付記》
本稿は陶氏研究会の月例報告会での発表をまとめたものである。席上、同研究会員の和田秀作(山口県文書館)、藤井孝純(徳山市役所)、森重祥子(徳山市美術博物館)の各氏から史料の提供及び種々の御教示を賜った。記して感謝の意を表したい。

二　神社祭礼と宮座
――新屋河内賀茂神社の頭番文書――

はじめに

光市浅江の宝迫家はかつて新屋河内に旧在した賀茂神社の歴代宮司で、同家に「新屋河内賀茂大明神宮御頭番相定次才之事」（以下賀茂神社頭番文書と略称）と題された、延徳二年（一四九〇）の古文書が伝存することはつとに知られている。

江戸時代に編纂された『防長寺社由来』（一七四一年）をはじめ、『防長風土注進案』（一八四二年）、『山口県風土誌』（一九〇五年）などで紹介され、さらに、御薗生翁甫著『防長地名淵鑑』（昭和六年）や『光市史』（同五十年）では文書の内容についても言及されるなど、光地方の中世史に関わる史料として甚だ歴史的価値の高いことは、先学も等しく認められている。

したがって、昭和四十八年に光市文化財審議委員会が発足し、市指定文化財の作業が開始された際、右の頭番文書は指定候補として取り上げられ、当時同委員会の会長職にあった故三坂圭治氏が調査を担当することまで決められた。しかし、いざ現地調査をする段階に至って、事務担当者より文書原本が所蔵者の宝迫主税氏の手許に現存しない旨の報告があり、文化財としての指定は一時頓挫の止むなきに至ったのである。

ところが、あれから二十六年後の昨年（平成十一年）六月、宝迫家現当主の史雄氏が右の文書を確かに保管していることが知れ、原本所在の報が関係者にもたらされたのである。宝迫史雄氏の談によると、原本が外部に持ち出された形跡は皆無で、先代主税氏収集の軸物等を整理中に偶然見つけ出したとのことである。本文書の調査担当者として、所有者から直接聴取した発見の経緯を一言記しておくことにする。

ともあれ、現在は『山口県史』も編纂中である。同書に県内の在地中世史料として所収されることはもちろん、光地方においても地域に関わる文化財として指定保護され、多くの人々に親しみをもってもらうことが肝要である。

(一) 新屋河内賀茂神社頭番文書

文書の料紙は淡褐色の楮紙《ちょし》を使用し、これを横に六枚貼付して一枚ものとしている。ただし、各料紙の横幅は区々で、第二貼付箇所では糊が剥げているから原本は二点に分かれ、これを手巻きにして保存している。

文書全体の法量は縦三三・五センチ、横一五〇センチであり、右側冒頭に「新屋河内賀茂大明神宮御頭番相定次才之事」と、縦一行に標題を記し、これに続けて三十三行の文字を連ねている。

文書自体は大切に保存されているが、作成からすでに五百年以上も経過しているため、料紙はところどころ傷み、継ぎ目箇所の文字には判読が困難なものも見受けられる。原本の文化財指定と併せて保存の対策も講じられる必要がある。

(1) 文書の本文

新屋河内賀茂大明神宮御頭番相定次才之事

合

応仁元年　丁亥　東ハ御頭（領）分　利木名
　　　　　　　　西ハ浅江領　衛民名

応仁弐　戊子　東ハ御領　三郎丸名
　　　　　　　西ハ浅江領　吉次名

文明元年　己丑　東ハ御領　石王丸名
　　　　　　　　西ハ浅江領　筒井中六名

文明弐　庚寅　東ハ御領　長道名一色分
　　　　　　　西ハ浅江領　筋名

文明三　辛卯　東ハ御領　正聞名
　　　　　　　西ハ浅江領　上垣内名

文明四　壬辰　東ハ御領　下鍛冶屋一色名
　　　　　　　西ハ浅江領　入野名

文明五　癸巳　東ハ御領　長石一色名
　　　　　　　西ハ浅江領　山崎名

（紙継目）

文明六 甲午 東ハ御領 江野田一色分
西ハ浅江領 小太夫名

文明七 乙未 東ハ御領 金田一色名
西ハ浅江領 中村名

文明八 丙申 東ハ御領 左右次郎右衛門名
西ハ浅江領 有富名

文明九 丁酉（仕） 東御領 光末名
西ハ浅江領 太郎丸名

文明十 戊戌 東ハ御領 徳万名
西ハ浅江領 右馬四郎名

文明十一 己亥 東御領 大迫名
西ハ浅江領 安室名

文明十弐 庚子 東ハ御領 助弘名
西ハ浅江領 西畑名

文明十三 辛巳（丑） 東ハ御領 公文名
西ハ浅江領 若松名

文明十四壬寅　東ハ御領　大平名
　　　　　　　西ハ浅江領　寺尾名
文明十五癸卯　東ハ御領　能力名
　　　　　　　西ハ浅江領　金聞名
（紙継目）ハゲ
文明十六甲辰　東御領　一郎丸名
　　　　　　　西ハ浅江領　引地名
文明十七乙巳　東御領　次郎丸名
　　　　　　　西ハ浅江領　坂本名
文明十八丙午　東ハ御領　弘宗名
　　　　　　　西浅江領　唯性名
長享元丁未　東ハ御領　助法名
　　　　　　西ハ浅江領　大畠名
長享弐戊申　東ハ御領　満登ハ一色分
　　　　　　　　　　　五郎右衛門
　　　　　　西ハ浅江領　筒井藤兵衛名
（紙継目）

神主当様分
長享参 己 東八御領 六反
酉 西八浅江領 岡田名

（紙継目）

毎年御頭米六石三斗新屋河内分御蔵下行
同毎年御頭米六石参斗浅江分御倉下行
右之御頭番者、任先例社家衆・同郷役人

（紙継目）

相談之任(仕)置候、毎年守此旨次才可被
勤仕者也、仍定所如件
延徳弐年九月十一日 神主左近允（判）
宮司代 （判）
新屋河内役人
大野旦(但)馬守 （判）
浅江役人
九郎右衛門在判

凡例

1　原文の古体・異体文字は原則として正字に統一したが、略字体はそのままとした。

2　閲読の便宜を図り、原文には読点や並列点を施した。

3　筆者が注記した文字には、すべて（　）を施し原文とは区別した。

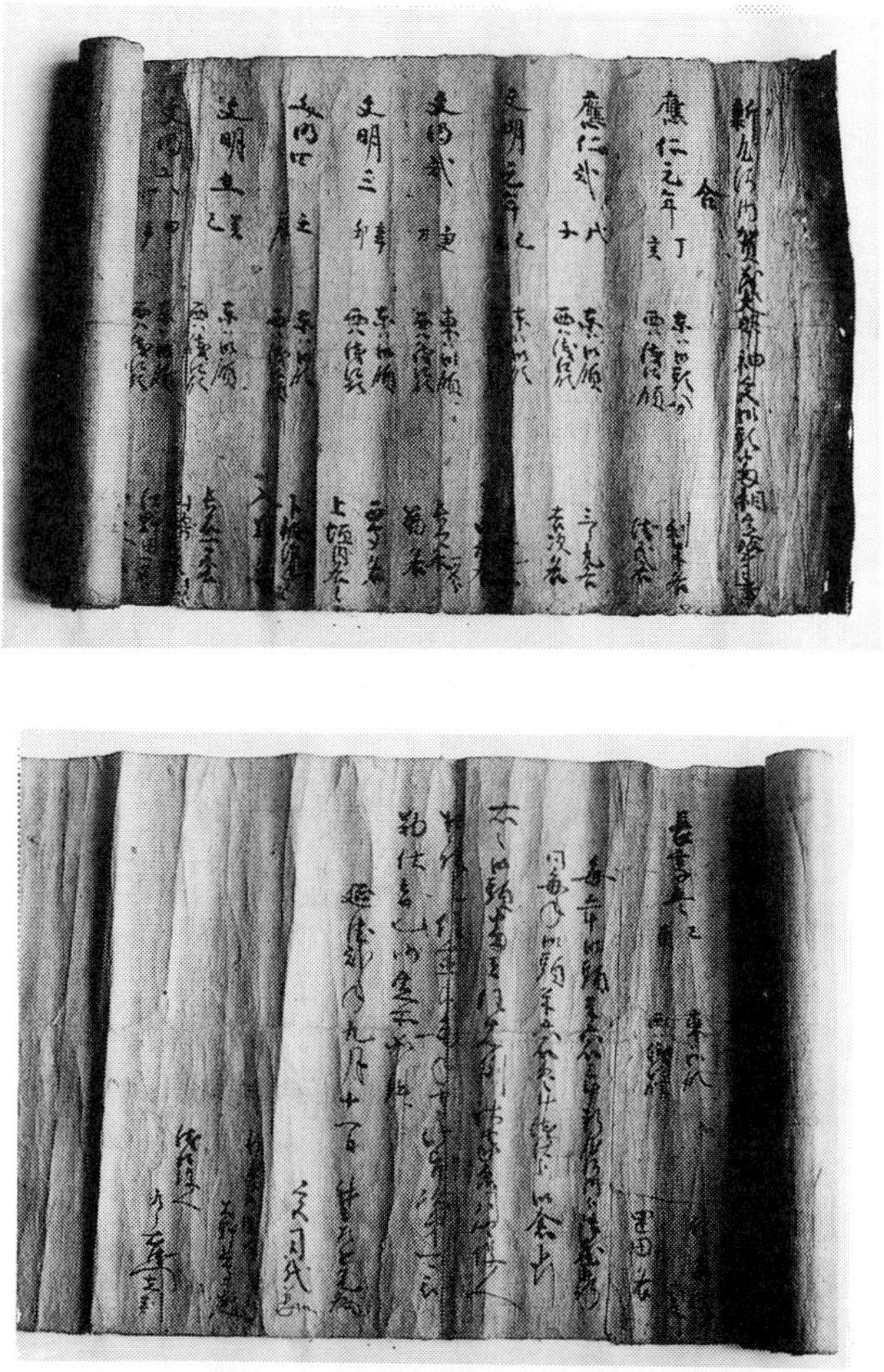

写真Ⅰ—2　新屋河内賀茂神社頭番文書
延徳2年（1490）、宝迫史雄氏所蔵

(2)　文書の解説

新屋河内に旧在した賀茂神社の祭礼が催された際の、頭番割や費用の拠出について記している。わが国中世社会の村落には氏神や鎮守神を祀る村人の祭祀組織があり、祭礼を実行するときには頭役を定め、頭役を担当する家を頭屋（当屋とも）と称した。文中に「頭番」とあるのは祭礼を主宰する頭屋の順番のことであり、これが輪番制でなされていることが知れる。

上段の年次は応仁元年（一四六七）から長享三年（延徳元年、一四八九）までの二十三年間に及ぶ。毎年催される祭礼には頭屋を選任するが、新屋河内賀茂神社の場合には氏子圏を御領（新屋河内）と浅江領の東西に二分し、各領内にある名田を単位として頭屋の割り当てが行われた。また、祭礼の費用の頭米は御領と浅江領の双方から、米六石三斗ずつを負担することが後半の文言から読み取れる。

頭屋の選任については「右之御頭番者、任二先例一社家衆・同郷役人相談候て任《(仕)》置候云々」とあるから、神社側と東西の郷役人が相談して決めていたことが知れる。このことをちょうど裏付けるように、文書末尾には関係者の肩書きを記した名前と花押が認められる。

(3)　正文と案文

文書に記された紀年は確かに延徳二年（一四九〇）であるが、本文末尾四人の氏名と花押はともに同一の筆跡であり、最後の人名を「浅江役人　九郎右衛門在判」と記すなど、本文書は正文とは言い難い疑問点を有する。文中ところどころの誤字や不揃いの料紙を継ぎ足している点なども、右の判断を補強する証左であり、本文書は正文作成時にその控えとして書かれた案文と解される。

案文は正文作成後に、それに準じて作られた写しの文書で、一般には同文の文書を複数の受取人に出す場合や、正文の紛失に備えたり、訴訟のときに証拠として提出する場合などに作成され、効力も正文に準じるものと解されている(1)。

本文書作成の意図は明確でないが、本文前半では賀茂神社の祭礼が例年どのように行われているかを、頭屋を中心に過去二十三年間にわたって記し、「毎年守二此旨次才一、可レ被二勤仕一者也」と結んでいる。すなわち、祭礼時の頭番割決定やその費用である頭米の拠出について、従来の方式を今後も維持すべきことを、神社側と村役人が合議決定しているのである。したがって、本文書はその合議決定の証文として作成されたものと考えられ、正文の所持者は文書末尾の四人ということになるが、実際には正文は新屋河内と浅江郷の村役人が各一通ずつを所持し、その案文を神社側が後日のために書き留めたものと推測される。

どうしてこのような措置を講じる必要があったのだろうか。この文書が作成されたのは応仁・文明の乱が終結したその直後であり、この頃の中世後期村落には一様に戦国の嵐が吹き込んでくる。守護大名や国人領主は村落内の上層農民を被官化し、年貢収奪に加えて段銭・人夫役などの賦課を一層強化してくるのである。こうした事態は言うまでもなく自治的・自衛的共同体としての村落の平和が脅かされることであり、村人たちは内部崩壊の危機を回避するために村落内の置文をつくり、「寄合仕らず、ぬけがけに成」る者の出現を必死に食い止めようとしている(2)。

こうした動きは村人たちが年に一度集う鎮守神の祭礼にとっても決して無関係ではない。ここ新屋河内賀茂神社においては、氏子たちが過去二十三年間にもわたる祭礼の事実とその方式をいちいち書き連ねることによって、その伝統を相互に確認すると同時に、これを領主側にも提示することによって、自分たち村落のいわば自治の象徴としての神社祭礼を、外部の脅威から守ろうとしたのである。

(二) 賀茂神社と「新屋河内」の地名

(1) 新屋河内賀茂神社

同社は『防長寺社由来』所収の「古キ御証文写(3)」によると、大内氏八代の長門守正恒が自家の守護神として山城国より賀茂神社を勧請したことに始まる。山城国賀茂神社は現在も京都洛北に鎮座する賀茂別雷（上賀茂）・賀茂御祖（下鴨）両社の総称で、平安遷都より皇城鎮護の神として朝廷の崇敬最も篤く、山城国一の宮となった由緒ある神社である。

したがって、同社の社領の形成や発展は朝廷の崇敬と保護によるところ大であり、中世には上・下社とも約七〇か所の社領の存在が確認されている(4)。その地理的分布は山城・和泉・摂津を中心に東海・北陸・中国地方に及んでおり、これら賀茂神社の荘園では同社の祭神を勧請し、神社への信仰を通して荘民を支配するという形態が見られる(5)。

このことを周防国熊毛郡の例で言えば、同郡内には伊保荘（柳井市）、竈戸関（上関町）、牛島（光市）、三井（同上）などが賀茂神社の社領として古くから文献に登場しており、そこにはいずれも賀茂神社が祀られている(6)。これらの事実から推測すると、新屋河内賀茂神社の場合も隣村の三井賀茂神社と同様(7)、新屋河内に山城国賀茂神社の荘園がまず設けられ、その後に同社の分祀がなされたものと考えられるが(8)、勧請の時期や立荘の事実などは依然不明のままである。

前掲の由来書によると、賀茂神社を勧請したのは大内長門守正恒である。正恒は確かに「大内氏系図」に載っており、大内氏始祖の琳聖太子より七代後の人物で、彼より「多々良姓」を名乗るに至ったことが記されている。しかし、「大内氏系図」は誤謬が多く[9]、正恒も伝説上の人物であれば右の事実は容易に信じ難い。

また、賀茂神社が最初に置かれた場所は新屋河内ではなく浅江村瀬戸風浦であったことを、古書には次のように記している[10]。

加茂上下当国熊毛郡瀬戸風浦飛遷給、彼浦有二古松一現二白鷺一見給故、彼松号二鷺松一、則彼浦立二新社一、奉レ成二遷宮一故号二宮崎一

瀬戸風浦に新社を建て賀茂神社を祀ったことから、この地を宮崎と称したことが述べられている。しかし、「瀬戸風」は浅江村祝ガ縁（魚ヶ縁とも）の一部で[11]、虹ヶ浜西方の海に突き出した門蔵山のことであり、「宮崎」は浅江村の中心地で現在浅江神社が鎮座する所であるから[12]、両者は位置的には一致しない。それとも宮崎は古く瀬戸風浦と称したのであろうか。新屋河内賀茂神社が浅江村瀬戸風浦に勧請された後いったんは新屋河内に遷り、江戸時代になって再び浅江村宮崎に鎮座していることは事実で、その際最初の勧請地の瀬戸風浦が現地の宮崎の地であれば、元の地へ再び戻ったことになるが、しかし両者が別々とすると、新屋河内を離れ浅江村宮崎に遷座したことの理由が新たに問われねばならないであろう[13]。

新屋河内賀茂神社は江戸時代に入ってそれまでの新屋河内から浅江村宮崎に遷座する。同所には江戸時代の元禄四年（一六九一）に浅江村山王原に旧在した山王八幡宮も遷って、賀茂神社と山王八幡宮の両社がともに宮崎に併在することになるのである[14]。そして、この両社が合併し浅江神社と改称されるのは明治五年（一八七二）になってからで[15]、翌六年十月には郷社に列せられているが、こうした時代の流れとは反対に、新屋河内賀茂神社の名

前は次第に人々の記憶から消失していくのである。

新屋河内賀茂神社の社名だけでなく、後述のように「新屋河内」の地名そのものも現存しない今日において、これら双方のことを記した頭番文書の存在意義は大きいと言わねばならない。それはまさしく双方にとっての存在証明であり、その事実を明らかにすることは同時に、光地方の中世史に対しても一筋の光明を当てることになるのである。

(2)「新屋河内」の地名

右に述べたごとく、現在光市内だけでなく周辺の地名を探しても「新屋河内」なるものは存しない。したがって、その場所を特定し確認することは至難であるが[16]、地名としての新屋河内は本稿で紹介する頭番文書のはるか以前から文献に登場している。

南北朝時代、山口に本拠を置く大内弘世は都濃郡鷲頭荘（下松市）の領主大内長弘と周防国の覇権をめぐって激戦を展開するが、長弘軍を支援したのが末武荘（同）を本拠に光市小周防や熊毛町勝間一帯の領主であった内藤氏である。両軍の戦闘は当初の白坂山（同）や高志垣（同）から熊毛郡内にも及び、観応三年（一三五二）閏二月十九日の同郡新屋河内及び真尾の合戦では、内藤藤時の弟新三郎盛清が討死している[17]。新屋河内での合戦は翌三月二十七日・二十八日にもあり、藤時の若党や中間《ちゅうげん》が疵を負うなどのことが見えている。

また、これより百二十年ばかり後の文明二年（一四七〇）には、周防国守護の大内政弘が熊毛郡新屋河内の地頭職三十石を家臣の安富宗貞に給与するなどの事実も存する[18]。安富氏は天文十八年（一五四九）の光井天満宮棟札によると、「光井代々先祖事、本名字安富、宝治元下向」とあって、鎌倉時代の宝治元年（一二四七）頃より光市光井辺を領有し土着した小豪族であり、距離的にもあまり遠くない新屋河内に対しても領有関係をもっていたことが窺われるが、詳細については不明である(19)。

ところで、右に述べたごとく南北朝時代の早くから防長の歴史上に登場する「新屋河内」は、熊毛郡内のどの辺を指す地名であろうか。これに関しては江戸時代に編纂された『防長風土注進案』（天保十三年）に、次のように記している(20)。

左内、駒ヶ原、西河内之三所ハ先年新地河内村ト申一村有候所、小石之儀ニ付浅江村江添石ニ相成候由ニて、
西河内は新屋河内之本浴ニ御座候事

右書は浅江村内の小名（大字名）として、新山、左内、土井、駒ヶ原、西河内、平原、弥ヶ迫、木園、町、川口、筒井、奥浅江、上ヶ原、魚ヶ縁の一四か所をあげ、この中の左内・駒ヶ原・西河内の三集落が以前は「新地河内」として一村をなしていたことを告げている。新地河内と新屋河内では文字は異なるが『防長風土注進案』が「新地河内」「新屋河内」「新屋舗之内」などと表記して、あえて統一しないまま記しているところから、これらの地名は文字は違っても同一の実体を指すとみて間違いない。すなわち、右書に新地河内とあるのは新屋河内のことであり、その地理的位置は浅江村でも東側部分、三井村と境界を同じくする地域と言うことができる。

この新屋河内は江戸時代初期の慶長五年（一六〇〇）・同十五年（一六一五）の両検地帳に「三井村・新屋河内」とあって、東側に隣接する三井村に合石されたが、元禄十二年（一六九九）の郷帳では西側の浅江村に編入され、それ以来現在に至っている(21)。元禄年間以降に編纂された『防長地下上申』（元文三年）などを見ると、旧浅江村の庄屋に対し新屋河内には畔頭が置かれている(22)。両村合併の事情を示すものであろう。

ただ、この後に編纂された地誌類では浅江村から新屋河内の地名が完全に消えている。浅江村に編入されても新

屋河内にあった小字名はそのまま残るが、「新屋河内」そのものの名前は不要となるからである。『山口県風土誌』（明治三十四年）がわずかに浅江村西河内に小字名として「新屋」が存すること、また同地区内に「新屋河内」の古蹟があることを伝えているだけで(23)、歳月を経た今日では右のことを現地に確認することさえ困難な状況となっている。前述の新屋河内賀茂神社の場合と同様、「新屋河内」の地名も、もはや過去の文献に頼るしか復元の方法がないのである。

(三) 新屋河内賀茂神社の祭礼

(1) 頭屋の選任と祭礼費用の負担

江戸時代の村落が地方行政や年貢賦課の単位であったのに対し、それ以前の中世村落は惣・惣村などと呼ばれ、自治的・自衛的な共同体であるところに特色をもっている。地侍・名主・小百姓・下人といった身分的階層差を包みこんではいるが、全体として惣百姓的結合を形成している。乙名・沙汰人などを指導者として選び、成員全体が参加する寄合をもち、衆議によって掟が作られ、自検断も行われた(24)。

こうした惣の自治的な運営は当然のことながら村の宗教的活動においても発揮される。村人の祭祀組織は一般に宮座と言われるが、宮座は乙名・中老・若衆などと年齢階梯的に組織され、村の氏神や鎮守神を祀り、神事祭礼を行うときは頭役を定める。頭役に決まった家が頭屋（当屋とも）である。頭屋は神社の神事・祭礼や講の行事を主宰したり、神職を助けて供饌・饗応のために働くから、相応の経済的負担を伴う。したがって、頭屋の選任は交替制を取ることになるが、その方法は年齢順や家順、籤《くじ》など宮座ごとに異なっていた(25)。

新屋河内賀茂神社の場合は、文書の最初に「御頭番相定次才之事」と記している。一見すると同社の祭礼を担当する頭屋の年毎の順番を記したものと解されるが、各紀年の下に御領と浅江領に分け、各々領内にある名田の名前を記しているのは、これが単に頭屋としての神事祭礼に伴う労役負担だけでなく、祭礼費用の拠出割り当てをも含むものであろう。名田名だけでは意味が不分明であるが、例えば「長道名一色分」「江野田一色分」「満堂ハ一色分」などの表記は、後段にある御頭米六石三斗の拠出負担場所を具体的に示すものと考えられる。右の推理を更に傍証するのが長享三年下の「神主当様分六反」と記された箇所で、当時の米の生産高は一反歩がおよそ一石余であるから、右の記述は丁度長享三年の新屋河内の負担分に相当すると言えよう。

文書後段の内容では、祭礼の費用を新屋河内と浅江の双方の蔵（倉）から六石三斗ずつを拠出することになっている。六石三斗の御頭米を「御蔵（倉）下行」と表記するのは、たとえこれが農民たちの年貢とは別な負担ではあっても、この地を支配する領主からの恩恵、施し米と理解されていたからであろう。ただし、この頭米の拠出方法や何よりも頭屋選任の仕方などについては未詳であり、類似史料の発掘と分析を待たねばならない。

ところで、頭屋は神事に伴う任務や制約から交替制を取ることとなったが、新屋河内賀茂神社の祭礼には頭屋のほかに神主や宮司代の名前も登場している。しかもこの両人は、文書末尾に日下署判していることからも賀茂神社の祭礼に深く関わる人物であることは間違いない。

神主は現在では神職一般の意味に用いられているが、古くは神に仕える主なる者のことで、神と人々との間において、時には神そのものとなって神意を人々に伝える役をなした(26)。氏族や同族社会でその守護神すなわち氏神を奉斎して神主を務める者は、その一族を統率する氏の長老であり、自ずから世襲的にもなるが、必ずしも専門的ではなかった。これは中世村落の守護神、鎮守神の奉斎においても同様で、前述の頭屋がこれを兼ねたり、年長順または神籤などによって選ばれ、一年ごとに交替して奉仕するために「一年神主」「年番神主」などの言葉も生まれている[27]。

新屋河内賀茂神社の場合、祭礼に関わる神主がどのようにして選ばれたかは全く推測の域を出ないが、頭屋役を氏子たちが平等に分担するのであれば、信仰圏の広狭により頭屋に選ばれる回数や頻度が違ってくる。頭番文書には応仁元年（一四六七）を起点に長享二年（一四八九）までの二十三年間における年毎の頭屋担当名田名を記していても、同一の名前は見られない。信仰圏を新屋河内と浅江に二分し、双方から祭礼の度に頭屋を選んでも頭屋役は二十年以上も回ってこないのである。

したがって、中世の村落社会に展開した宮座の運営は必ずしも一律ではなく、各々の宮座毎に特色をもっていたことは前述のごとくで、新屋河内賀茂神社のように広範囲の信仰圏にあっては、年毎に交替する頭屋よりも村内の長老が宮座の運営に重きをなすことになる。また、神事祭礼にはそれ自体儀礼が伴い、伝統や慣習について理解のある年長者が権威を生じやすいのも事実であろう。そこで最年長者が終身一人で奉仕するなり、長老数人が交替して実際に奉仕するなどのケースが見られ[28]、彼ら長老が村人を代表して神に奉仕する神主ということになる。この場合、神主が長老であってもそのために頭屋がなくなることはない。神主の任務は神へ奉仕することにあり、頭屋とは祭礼に関わる役割を異にしているからである。

尚、宮座がその運営上共有財産として山林や座田、頭田、宮田などと称する田畑を所有することがある[29]。頭番文書の長享三年の下に「神主当様分六反」とあるのは、まさにこれに相当するものと言えよう。座田などの耕作は神主が受けもつことから、新屋河内賀茂神社においても例年の祭礼を維持するために、こうした処置が講じられていたことを指摘できる。

(2) 「名田」と「一色田」

新屋河内賀茂神社の祭礼を司る頭屋は、同社の氏子圏を東西に二分し、各領内の名田を単位に割り当てるという、祭事分担の原則が貫かれていた。氏子圏が浅江領にまで及ぶのは新屋河内に東隣する三井村とは違って、西側の浅江村には賀茂神社が存していないからである。

ところで、この例年の祭事を分担する名田とは、平安中期以降の中世社会の荘園や公領に見られた土地制度の構成単位で、当初は荘園領主が農民（田堵）に荘田を割り当て、名田として保有者の名を冠せしめたことに始まる。農民の永続的な土地保有権を認めると同時に年貢・公事を確保する徴税単位として編成したのである。頭番文書に利木名・衛民名・三郎丸名・吉次名などとあるのは、その実体が荘官クラスの百姓であるか、あるいは平民百姓かの違いはあるにしても、当時の農民たちは自分の実名《じつみょう》や仮名《けみょう》などを田畑につけて自己の保有権を主張したのである。

ただ、これらの名田名を注意してみると、右の○○名とあるのは全体四五か所中の三九名で、「○○一色名」「○○（名）一色分」と記述を異にしたものが各三か所ずつ存する。最初の「○○一色名」は一色田の名田のことで、普通の名田は年貢・公事の両方を負担するのに対し、一色田は一種類の課役、つまり年貢のみを負担する地種のことである(30)。また、後者の「江野田一色分」とあるのも、右の解釈を敷衍して「江野田一色名分」と解されるが、「長道名一色分」とも記しているから、この方は長道名内にある一色名のことを指すものと考えられる。

頭番文書が作成された室町時代後期の新屋河内・浅江地区には、名田と称しても年貢・公事の両方を負担する本名主に加え、前者の年貢のみが賦課される一色田をもった新名主が登場しているのである。こうした事態が生じたのは、本来名田に課されるべき年貢と公事のうち後者を切り離して売買や寄進・譲渡したり、解体した名田を下作人・小百姓・脇在家などの小農民に請作させるからである。売買の際は売主が残された類地に公事を転稼することも可能であり、名田の一色田化や一色田の名田化の現象が広く見られるようになるのである(31)。

従来の一色田＝一名主を原則とする本名体制が崩れ、一名田に数人の新名主（名請人）が発生してくると、彼らを対象に公事や夫役を徴収する新しい組織が必要になり、当名主制や番頭制(32)といった方法が考え出されるようになるが、問題はこうした名田制の変解が中世の村落共同体、とりわけ宮座の運営に直接影を落としてくることである。すなわち、名主が納入する公事・夫役は本来共同体の行事に淵源し、またその構成員によって負担されるべき性格のものである。換言すれば、名主は公事や役夫を負担することによって在地共同体の完全なる成員権を有することになるわけで、右に述べた名田制の分解、それに伴う新名主の出現は、これまで村落に構成員が輪番で担当してきた頭屋などの役割を、均等には果たし得ない事態を招いたのである。

それでもなお、彼ら新名主の名前が頭番文書に見えるのは祭礼の費用である頭米の負担者としてであり、祭礼を主催する頭役の方は村落秩序の中で一層重い位置を占めるようになった本名主、中でもその長老たちへすでに移っていたと言えよう。新屋河内賀茂神社の頭番文書は通説では同社の祭礼における頭屋の順番を記したものと解されているが、内実は同社の祭礼費用である頭米の拠出順番を記したものであり、紙背に当時の村落共同体が直面している課題を読み取らねばならない。

(3)　新屋河内賀茂神社の信仰圏

頭番文書に「東ハ御領」「西ハ浅江領」とあることから、新屋河内賀茂神社の信仰圏は新屋河内・浅江村の一帯に及んでいることは容易に想像されるが、同文書の下段に記された名田名を手懸りに、より一層その具体的な様相を見ることにしたい。中世の名田は十六世紀末の太閤検地を機にその存在を否定されても、一部は地名として後世の文献に名前を留めているからである。

頭番文書の「御領」下に記された名田二二か所を後代に編纂の地誌書(33)と対照すると、八か所を特定できる。すなわち、金田・左右次郎右衛門(34)・光末・徳方・大迫(35)の五名田は後の浅江村佐内の小字名として残っており、下鍛治屋名(36)は同村西河内の小字名、さらに大平名は同村奥浅江の小字名として各々確認することができる。また、「江野田一色分」については宝迫氏所蔵の頭番文書写本に「陶殿御分　ゆの木名」と注記がしてあり、浅江村近邑で同一の地名は小周防村八幡所の小字名「柚ノ木」しか存しない。『防長風土注進案』が言うように、浅江村でも左内・駒ヶ原・西河内の一帯が「新屋河内」を形成していたとすれば、御領下の名田がこの地域に集在することは当然であるが、右に見たごとく大平名と江野田名は新屋河内の御領域を越えている。

このことを更に検討するために、浅江領下に記された名田を同様の方法で調べると、二二名中一二名が地名として後世に痕跡を留めている。すなわち、山崎(37)・小太夫(38)・中村・西畑(39)・大畠・岡田の六名は浅江村奥浅江の小字名であり、筒井・上垣内(40)・若松(41)の三名は同村筒井・川口の小字名として残っている。これに対し引地や坂本などの地名は、いずれも浅江村外の三井村や小周防村に存する(42)。つまり、浅江領の名田名の系譜を引くと推定される地名の多くは後の浅江村内に属するが、引地と坂本の二つだけは浅江村を越えた三井村や小周防村にその存在を確認することができるのである。

限られた根拠を手懸りに大胆な言い方をすれば、山城国賀茂神社が所有する周防国熊毛郡新屋河内領の中心地は、後代の文献が伝えるように浅江村の佐内・駒ヶ原・西河内の辺であるが、当時実際に存した所領は右地域以外の周辺にも分散していたのではあるまいか。つまり、「新屋河内」とは分散した社領の集合体を領主の側が所有の単位としてつけた名称であり(43)、これがいつの間にか特定の地域を指す言葉（地名）となったが、近世に入って荘園支配が崩壊すると、「新屋河内」もまた自然消滅する運命にあったと言えよう。かつて新屋河内に鎮座し在地民の精神的支柱をなしていた賀茂神社が、江戸時代に入って浅江村宮崎に遷ったのも、実はこの辺に真因があるように思われる。

むすびに

新屋河内賀茂神社の頭番文書が作成されたのは、室町時代後期の延徳二年（一四九〇）、今より五百年以上も前のことである。当時、賀茂神社の祭礼が実際どのように行われていたか、その実態を明らかにすることは、中世村落の研究にとって極めて重要である。

既述のごとく、頭番文書からは賀茂神社の祭礼が年毎に交替して選ばれた頭屋と神主によって挙行されていること、同社の氏子圏が新屋河内・浅江郷を中心にその周辺の村落にまで広がっていることなどの事実を読み取ることができる。また、これら氏子の中には従来からの一名田＝一名主の者に加え、一名田に数人の新名主（名請人）が発生するなど、これまでの本名体制が次第に変質・解体している実態も判明する。

しかし、こうした社会の底辺の動きが宮座などの運営にどう反映してくるかを究明するためには、より多くの類例を必要とする。管見では、隣村の三井村に鎮座する三井賀茂神社の「賀茂大明神大般若村経御人数事」と題された文明十七年（一四八五）文書が注目される(44)。これは大般若経の書写に際し臨時の公事夫役を負担させるために、いくつかの名田を組み合わせて番を編成したもので、本名体制分解後の状況に対応するために考え出された新たな徴税方式と言えよう。

本稿で紹介の頭番文書は右の三井賀茂神社文書よりも五年後に作成されている。名田体制の変質によって従来からの宮座の運営にも転換期を迎えつつある時に、新屋河内賀茂神社の祭礼が頭屋制という従来からの方式を維持し得たのは、この地域の鎮守神として長く人々の精神的支えとなり、その機能を十分果たしてきたからであろう。その伝統は明治五年以降浅江神社となってからも守られ、毎年十月に催される例祭には地元はもちろん近在からも多くの人々が参拝し、大変な賑わいを見せている。

【注】

（1）『日本史広辞典』（山川出版社、一九九七年）九五頁。
（2）永原慶二著『下剋上の時代』（中央公論社、昭和四十年）四二頁。
（3）『防長寺社由来』（山口県文書館、昭和五十七年）第二巻、三一四頁。
（4）京都賀茂神社の社領については、竹内理三編『土地制度史』１（山川出版社、一九七三年）二三一頁。『国史大辞典』（吉川弘文館、昭和五十八年）第三巻、六一四頁。下村　效「加茂御祖社領安芸国都宇竹原荘」（『国史学』第一一三号）。
（5）同右。
（6）『光市史』（光市役所、昭和五十年）二四七頁。
（7）光市三井にある賀茂神社は『防長風土注進案』によると、平安時代の弘仁二年（八一一）に勧請されている。また、同社所蔵の明応二年（一四九三）文書には「周防国熊毛郡三井村当院領分」とあって、三井村内に山城国賀茂神社の社領のあったことが知れる。
（8）新屋河内が山城国賀茂神社の社領であったとする直接の証拠は存しない。しかし、頭番文書には新屋河内賀茂神社の氏子圏を東西に二分し、西側の浅江領に対し東側の新屋河内を「御領」と称することなどは、その傍証史料と言えよう。

(9)御薗生翁甫「新撰大内氏系図」(三坂圭治監修『近世防長諸家系図綜覧』所収)。
(10)前掲『防長社寺由来』第二巻、三二四頁。
(11)『山口県風土誌』(歴史図書社、昭和四十七年)第五巻、四頁。
(12)同右。
(13)ここでは同社に関わる地名の点から問題を提起するに留めたい。
(14)『防長風土注進案』(山口県立山口図書館、昭和三十九年)第八巻、四二四頁。
(15)『山口県神社誌』(山口県神社庁、平成十年)二五〇頁。
(16)『山口県風土誌』は浅江村西河内の小字名に「新屋」を記している。(同書第五巻、四頁)
(17)「内藤小源太家文書」(『萩藩閥閲録』第三巻、一五七～一五八頁)。
(18)前掲『光市史』二一九頁。
(19)本稿で紹介の頭番文書とは別にその写本が宝迫史雄氏のもとに保管されている。これの文明九年の条に「安富殿御分末永名」とあり、安富氏の新屋河内領有を具体的に示す記述が見られるが、後代の補筆の可能性もあり、俄には断定し難い。
(20)同書第八巻、四〇四頁。
(21)石川卓美「防長両国慶長検地郡村別石高一覧」(『山口県地方史研究』三十八号付録、昭和五十二年)、前掲『光市史』三四一頁。
(22)『防長地下上申』第一巻、六二八頁。
(23)同書第五巻、四頁、一七頁。
(24)検断は警察権や裁判執行権のことであるから、自検断は本来は領主側の権利である検断権を農民側が自治的権利として掌握し、領主権力を直接農村へ介入させまいとするもので、中世後期の室町時代頃の農村では広く見られた。
(25)前掲『国史大辞典』第十巻、二二五頁。同『日本史広辞典』一五三四頁。
(26)前掲『国史大辞典』第三巻、九〇五頁。
(27)同右第十三巻、四九〇頁。

(28) 原田敏明著『神社』（日本歴史新書、至文堂、昭和四十七年）四五～四六頁。

(29) 前掲『国史大辞典』第十三巻、四九〇頁。

(30) 中世には名田に結ばれない新開田その他の破片的田地や名主の没落・逃散などで解体した名田を散田・浮免・一色田などと呼んだ。散田名は他名主らに請作させたが、公事は省かれ、未進分の皆済により本主に返付されることもあった。通例は領主直属地として人給田に回すほか、大部分は下作人・小百姓・脇在家などと呼ばれた小農民が請作した。（前掲『国史大辞典』第六巻、五八四頁）

(31) こうした現象はすでに十三世紀頃から一般化している。（竹内理三編『土地制度史』1、三一九頁）

(32) 番頭制は荘園領主の恒例・臨時の公事夫役を負担するため、いくつかの名田を組み合わせて番を編成、名番の名田面積を均等規模にしてそれぞれの番に番頭を置く制度のことで、これに関わる史料が光市三井の賀茂神社に残されている。（後述）

(33) 主に『山口県風土誌』を参照したが、これに記載のない地名は明治二十年作成の『熊毛郡浅江村字限地引絵図』（光市立図書館所蔵）原本に依った。

(34) 宝迫史雄氏所蔵の頭番文書写本では、この名田を「野原殿御分　水車名」と注記している。水車は浅江村佐内の小字名である。

(35) 「大迫」の地名は三井村大迫浴にあるが、『熊毛郡浅江村字限地引絵図』では浅江村佐内にも存するので、これに従うことにした。

(36) 「下鍛治屋」の地名は浅江村西河内のほか、同村上が原、三井村大原などの小字名として載っている。

(37) 「山崎」の地名は浅江村奥浅江のほか、三井村山崎浴や小周防村門前の小字名として記録されている。

(38)(39)(41) は前掲の『熊毛郡浅江村字限地引絵図』による。

(40) 浅江村川口の「垣ノ内」のほか、同村奥浅江に「上河内」などの小字名が見える。

(42) 「引地」は三井村今升浴や小周防中郷の小字名として見えている。また、「坂本」は三井村壱本松と同村山崎浴の小字名として載っている。

(43) 類例として興福寺大乗院領の出雲荘（奈良県桜井市）や東寺領の拝師荘（京都市）などが知られている。

(44) この文書は『防長風土注進案』第八巻に所収されている。

《付記》

本文書を調査したのは平成十二年二月十一日である。当日光市浅江の宝迫史雄氏宅を訪ね、同家所蔵の古文書類の披見等、種々ご高配を賜ったことに感謝の意を表したい。

また、調査に同行された光市文化センター館長の上田雅美氏、それに同センター職員の林理果さんに『熊毛郡浅江村字限地引絵図』（光市立図書館所蔵）の調査でご助力いただいたことを付記し、各々厚く御礼を申し述べることにしたい。

三　光井保妙見社の大般若経

はじめに

光市光井と言えば、今日では光井川西方の旧野原をも含めた広い地域を指しているが、これは江戸時代の藩制末期からで、それ以前は光井川流域が中心であり、中世には「光井保」と称している。江戸時代の絵図を見ると、戸仲から森ヶ峠、家近、八海を経て上島田に出る脇道が描かれている。藩制時代には小周防の勘場へ行くにもこの道は利用され、道に沿って光井天満宮をはじめ光立寺・長楽寺・玉泉寺、それに福泉庵（廃寺）や八海観音堂、妙見社なども存している。この道が他地域との動脈として、近世以前から重要な役割を果たしてきたことの証左であろう。中でも八海地区は「明光の里」と称され、光井地区では最も早くから開けたところで、ここに光井氏の菩提寺船石山福泉寺（庵）、その南隣りに観音堂、さらにこれより一〇〇メートルばかり離れて地元の産土神妙見社が存するのである。福泉庵は光井氏の滅亡とともに廃寺となり、現在は寺跡しか残っていないが、観音堂には「当庵開基金峯井大姉」と記された寛正五年（一四六四）銘の位牌や、永正十七年（一五二〇）銘の鰐口なども存し、ここで紹介する大般若経とともに、この地域の由緒を物語る貴重な史料となっている。

(一) 保存及び残存状況

堂内奥隅に保管されている大般若経（大般若波羅蜜多経の略）は木製の櫃箱五個に納められている。櫃箱一個には経本一〇〇巻（帖）が収納されているから、現存する経本は櫃箱五個分、即ち五〇〇巻であり、一個分一〇〇巻が紛失し行方不明であることが知られる。箱の表面に記された数字で言うと「五百内」（墨書）の一箱が存しない。また、櫃箱は内箱を一〇個、五段二列に重ねており、内箱は計五〇個、一個の内箱には経本を一〇巻収納している。経本六〇〇巻がきちんと番号順に整理されておれば、四〇〇～五〇〇巻が揃って存しないことになるが、全部の経本を取り出して並べ替えてみた結果は、四〇〇代が八六巻も現存しており、このことは各教本が番号順に整理されないまま収納保存されていたことを示している。大般若経会などの転読の際にこれを観音堂から持ち出し、使用後は経本の順序などを考慮しないで櫃箱に入れ、そのまま持ち帰ったものと考えられる。

内部に納められた各経本は折本仕立てで、一巻（帖）の法量は縦二四・八センチ、横一〇・二センチ、厚さ八・〇センチ、折本の一面に横七行、一行に一七～一八字の経文を縦書している。虫食い防止のため黄紙を使用しているが、長年月にわたる使用と保存の不備もあって虫損や破損が甚しい。経本の表紙が取れたり、破損して巻数すら不明となったものも相当数ある。調査では細かくチェックしているが、全体の概要だけを示せば、全六〇〇巻中、完全本は四四四巻、前欠後欠などの断簡が五六巻で、欠落したものが一〇〇巻となる。この一〇〇巻がちょうど櫃箱一個分に相当し、現在行方不明となっていることは前述のごとくである。

料紙は厚手と薄手の二種類の黄紙を使用し、後代の補修分は厚手の白和紙を用いている。この新写補充経は破損や欠失部分を補修したもので、後述のように江戸時代になってなされたものであろう。また、巻末には一更了、一

写真Ⅰ—3　光井保妙見社の大般若経
光市光井八海観音堂（光市文化センター寄託）

交（校）了などと記され、本文中にも誤字を正したり、補筆の跡も窺える。経典本に限らず書写本の場合は、これを書写した時に必ず校合し補正の筆を加えるのが通例で、本古写経もこれに従って写経の完全を期したのである。

(二)　室町時代末期の古写経

不完全な断簡をも含めた五〇〇巻のうち、表紙や末尾等に奥書を認めたものが十数巻ある。ことに最後の第六〇〇巻には末尾に写経の経緯や人名等を記していたものと推定されるが、あいにくこの巻は断簡となっており、前半部分しか残っていない。したがって、各巻のところどころに記された断片的は筆跡を手懸りに書写の年代等を考えていかねばならないが、第五五五巻には「大日本国周防州光井東方妙見宮之御経也、殊者天下太平国家安全」と記している。これ以外にも「周防国光井保東方妙見宮御経也」（第五五〇巻）、「熊毛郡光井保妙見経也」（第五五八巻）などとあって、この古写経は光井保東方の妙見宮の所有であることを告げている。また、本文中の余白箇所に「妙見宮」、「光井保妙見宮」、「防州光井保妙見宮」などの文字が随所に見られることから推理すると、この経典は当初より妙見宮への寄進を目的として書写されたことも間違いないであろう。

そして、これを施入した年月日については本文中に確かな奥書は存しないが、五個ある櫃箱の最初（初百内）と最後（六百内）の内底に、同筆体で「文亀元年辛酉五月吉日　願主恵胤」と墨書銘があり、櫃箱の上蓋裏にも「大日本国防州熊毛郡光井東方妙見宮」と記している。したがって、この古写経は室町時代後期の文亀元年（一五〇一）に、願主恵胤によって光井保妙見宮に施入されたことも、ほぼ疑いなく諒解されるのである。

奥書には、「光井村長楽寺」（第二六九巻）、「防州熊毛郡光井村天満宮」（第二九五巻）と記したものもある。光井保が「光井村」と表記されるようになったのは近世以後のことであるから、これらの巻はもちろん後代になって補修した新写経である。そのことを如実に示しているのが第二三二巻末尾に記された次の奥書である。

此大般若者妙見宮経也、更破了無読誦、茲有傍僧修理此経予添力書写之　悪筆宗鶚

宗鶚が何人たるかは未だ不明である。ただ、これを記した料紙は新写補充経と同じ白和紙であり、江戸時代に入って既存の大般若経を補繕修理した際に書き残したと考えるのが穏当であろう。別紙ではあるが「元文四年六月廿九日　渡辺氏、玉泉寺、光立寺、長楽寺」（第一一巻付箋）と記した紙片も残っている。一般に大般若経の場合は、その材質から損傷欠失しやすく、成立時のまま残存している例はほとんどない。したがって輔写や補充を交えて極めて複雑な構成を示すことになるが、本古写経もこれらの例に洩れず、江戸時代の元文四年（一七三九）頃に、宗鶚を中心として大掛かりな補修がなされているのである。

(三) 弘化四年の転読会

周知のように大般若経は唐の玄奘訳で六〇〇巻、大乗初期の経典で、紀元一世紀頃から個々に成立していたのを表題名に集大成したものである。この経典は古来大般若経転読会に用いるため多くの社寺で書写され、防長両国においても南北朝から室町時代にかけて特に盛行している(1)。写経には全経典を一人で書写する一筆経、数人が合力して書写する書継経、また時間を限って急遽書写する頓写経などの区別がある。

八海観音堂の大般若経は詳細な奥書を欠いているとは言え、各経本の書跡からして二〇名以上の参加が想定され、書写の期間も三～四年は費やしたであろうが、その実態については残念ながら知り得ない。

また、櫃箱や経本の余白等には既述のごとく「光井保妙見宮」、「光井保妙見宮御経也」とあって、この大般若経が最初に寄進されたのは八海の妙見社であり、現所有者の観音堂ではないことも明らかである。妙見社は観音堂の西方一〇〇メートル位に位置し、社伝によると祭神は北辰星尊で、創建も推古天皇代までさかのぼるようである。最初妙見宮に寄進施入された大般若経が、その後観音堂に移された経緯については何ら依拠すべき史料も存しないが、江戸時代末期の弘化四年（一八四七）に、転読会を催した時の様子を伝える木板が観音堂に現存している。これには「奉転読大般若六百巻全部／天下泰平五穀豊□／武運長久縁□利／弘化四未之年／観音経会諸衆」とあって、弘化四年の転読会が地元の観音経会のメンバーによって観音堂で催されている事実から推測すると、大般若経が妙見宮を離れたのはすでに江戸後期以前であり、地元にこれが妙見宮の所有であるとする伝承さえ存しないこともかかる理由のためであろう。

さて、大般若経が聖道門各宗派の寺院に常備されている後代の常識からすれば、妙見宮にこれが存することの方が意外と言わねばならない。わが国で最初にこの経典の読誦が行われたのも大官・薬師・元興・興福の四大寺であるが、「鎮国の典、人天の大宝」と称された大般若経の功徳は「読誦すれば邪を蠲《のぞ》き悪を去り、披閲すれば福を納め栄を臻《いた》す」と言われる(2)。したがって他所においても現世安穏や菩提追修、国家安寧の祈願を込めて写経や読誦供養が盛行し、これが神社にまで波及するに至ったのは本地垂迹説の影響である。熱田神宮や石清水八幡宮、春日大社などの有名神社ではいち早くこの経典が入手せられ、特に春日大社では神官が興福寺の僧侶と協力して開板事業を起こし、その版木によって摺写《しょうしゃ》された大般若経が地方にもたらされたことの意義は大きいと言わねばならない。世に春日版大般若経と称されているのがそれである(3)。

むすびに

最後に、この大般若経を収納した櫃箱の両側には脚が付き、その上部には円孔があって、この中に紐を通し、櫃箱を背負い持ち運びできるようになっていることに注意したい。これは妙見社以外のところで祈願供養をする際に、経典をその場所に移動したことの証左であり、当時の櫃箱がそのまま残っているのも珍しい。

大般若経会での転読は大部な経文の初・中・終の要所を数行、または題目と品目だけを読み上げるのを通例としたが、経本も巻子から折本に改装されると、片手に経本を捧げて翻繙《ほんはん》することを転読と称している。前述の弘化四年の場合も、六〇〇巻全部にわたって翻繙がなされたことを「奉転読大般若六百巻全部」と記したのである。

【注】

（1）山口県教育委員会文化課『旧栄福寺大般若経調査報告書』（山口県教育委員会、平成五年三月）一九頁。
（2）『国史大辞典』第八巻（吉川弘文館、昭和六十二年）八五九頁。
（3）田岡香逸「紀伊伊都郡かつらぎ町滝の大般若経について」（『大和文化研究』一〇の三、昭和三十九年）。

Ⅱ 五輪塔・宝篋印塔

一 陶氏供養塔の発見

はじめに

徳山市教育委員会の依嘱で、市内にある神社や寺院の文化財調査を実施してから今年で九年目になる(1)。悉皆《しっかい》調査であるから歳月を要するのは止むを得ないにしても、せっかくの現地調査であり、それまで眠らされていた遺物との出会いを期待せずにはいられない。こうしたスタッフ一同の共通した願いが昨年暮から今年の正月にかけて二つの成果をもたらした。一つは市内四熊字井谷の六地蔵種子板碑であり、他は同下上字横矢の地蔵堂から発見された宝篋印塔である。

㈠　横矢地蔵堂の宝篋印塔

井谷の六地蔵種子板碑は明応七年（一四九八）の紀年銘を有し、県内にある六地蔵を彫った板碑では熊毛郡平生町曽根の明応六年銘に遅れることわずか一年である(2)。徳山市四熊地方にはすでに南北朝時代の応安七年（一三七四）に造立された庄原地蔵像容板碑があり、これに距離的にもあまり遠くない新南陽市富田の地蔵種子板碑二基などを併せて考えることによって、同地方の中世後期における信仰や思想を解明する手懸りが得られるであろう。

後者の本稿でこれから取り上げようとする横矢地蔵堂の宝篋印塔は、江戸時代の享保十五年（一七三〇）に造立された地蔵立像を祀る横矢地蔵堂の片隅に、五輪塔の地輪などと一緒に置かれていたもので、明応四年（一四九五）の紀年銘は有するものの基礎の塔身だけしか残っておらず、室町時代後期の宝篋印塔としては別に珍しいものではない。因みにその概略を記述すると、塔身は四方に円相を陰刻し、正面に「春圃英公／明応四乙卯二月十[三]日」と刻んでいる。基礎は四方に格狭間を陰刻しているが無銘で、上部には三段の段形を設け、基礎と塔身に合わせた高さは四七センチである。石質は平野石と呼んでいる地元産の安山岩で、現在は塔身上に別物の笠をのせている（写真参照）。

さて、右の宝篋印塔で注目されるのは、形式や構造よりも塔身面に刻された内容にある。刻銘をそのまま解釈すると、この宝篋印塔は明応四年二月十三日に死亡した春圃英公なる人物を供養するために造立されたことが知れる。造立したのは彼の子供か縁者であろうが、誰が造ったかは記していない。ただ被供養者の死亡年月日が分かったにしても、春圃英公は法名であるから、生前の俗名が知られなければこの供養塔のもつ歴史的意義を解明したことにはならないであろう。

春圃英公は果たして如何なる人物か、この謎を解くためには多くの文献を検索しなければならないが、それ以前にこの宝篋印塔自身が意義解明への有力な手懸りを提供していることに注意したい。それはこの宝篋印塔が発見された下上字横矢の一帯は、古くは富田保と称し、大内氏重臣の陶氏の本拠地に当たるからである。陶氏の居館のあった下上字武井は横矢と目と鼻の近い位置にあり、発見された宝篋印塔が陶氏と何らかの関連性をもつと推理することは極めて当然のことといえよう。だが、現在流布している「陶氏系図」（前掲図Ⅰ—1参照）をはじめこれと関連した文献資料をめくっても、春圃英公なる人物はどこにも出てこないのである。

(二) 龍文寺過去帳の吟味

市内長穂の龍文寺を筆頭に、陶氏を開基とする

写真Ⅱ—1　春圃英公を供養した2つの宝篋印塔
（向かって右がこの度横矢地蔵堂から発見されたもの。左は龍豊寺の墓地に現存している。）

曹洞宗及び時宗寺院が、徳山市西域から新南陽市にかけて六、七か寺も存する。問題の春圃英公が陶氏と関わりをもつとしたら、これらの寺院に何らかの痕跡が残されていると考えねばならない。かかる予想のもとに調査を開始すると、果たせるかな次のような各史料が存したのである。

(1)　龍文寺（徳山市長穂）開基陶氏五代盛政

○春圃英公禅定門　明応四年二月十三日
　今失所考蓋兵庫頭弘詮也、弘護公□ナリ(3)（過去帳）

○春圃英公大居士　龍文寺日牌　十三日年月不知（大内氏実録）

○春圃英公大禅定門
　霊簿十三日下記陶也、年月不委曲記、蓋弘房二男兵庫頭弘詮也(4)（寺社証文）

(2)　龍豊寺（同大道理）開基陶氏七代弘護室益田氏

○春圃孝英大禅定門　明応四年二月十三日　生年十九歳（過去帳）

○□圃孝英禅定門　□乙卯二月十三日（宝篋印塔(5)）

○捐館春圃孝英大禅定門神儀（位牌）

(3)　保安寺（同上村）開基陶氏六代弘房室仁保氏

○春圃孝英大禅定門　明応四祀二月十三日
　陶兵庫頭弘詮公、弘房二男弘護弟、十九歳ニ而死去（過去帳(6)）

右の龍文寺、龍豊寺、保安寺の三か寺は、いずれも陶氏と深い関係にある寺院であり、これらに春圃英公の死を弔う位牌、過去帳、供養塔などが存することは、彼が間違いなく陶氏に連なる人物であることを示唆している。殊に龍豊寺には、この度横矢地蔵堂から発見されたものよりやや規模が大きくしかも類似した内容の宝篋印塔まで存しており、したがって、春圃英公がこの龍豊寺と密接な繋がりのあることも容易に予想されるところである。

ただ、右の各史料を比較すると、死亡年月日については「明応四年二月十三日」で一致しているものの、法名の方は龍文寺の史料が「春圃英公」とあるのに対し、龍豊寺と保安寺の場合は「春圃孝英」となっている。これは英公の二字を誤って逆にし、公に孝を宛字したわけではない。春圃孝英が正式な法名であり、英字の下に公をつけて春圃英公と略称したのである。

同じことは陶興昌や同長房の場合も言い得ることで、陶興房の息男興昌は海印寺（下上字横矢）所蔵の宝篋印塔に、「春翁透初／享禄二（ママ）六月十二日」とあるが、「陶氏系図」[7]や「寺社証文」[8]等には「信衣院春翁初公大禅定門」とあり、陶晴賢の息男長房も右と同じ史料に「龐英洪公大禅定門」と記されている。興昌、長房とも二十代前半で死亡しており、法名に公をつけることの意味は早死した者への略称とも考えられるが、この点は後考を俟つことにしたい。そのことはともあれ、ここでは故人の法名にも二通り存し、春圃英公と春圃孝英が同一人物であることを確認できればよいのである。

ところで、前掲の龍文寺過去帳に「今失所考蓋兵庫頭弘詮也、弘護公之口也」と注記していることは大切である。つまり右の過去帳は春圃英公が陶弘護の弟の弘詮であると告げているのである。龍文寺の場合は過去帳だけでなく、同寺から提出した寺社証文にも同じ文章が見られ、保安寺の過去帳もこれらと同一の内容となっている。寺院の過去帳を史料として使用する場合は慎重を期さねばならないが、春圃英公について他に有力な手懸りが得られない現状では、ひとまず右の記述を信頼し考証を続けることにしたい。もし過去帳に間違いがあれば、考証の過程で不都合な面が出てくるからである。

陶弘詮は幼名を三郎といい、同族の右田氏を継いだ父弘房が寛正六年（一四六三）に陶氏に復すると、これに代わって右田に入り、右田中書と称している(9)。ところが、文明十四年（一四八二）に兄弘護が石見の吉見信頼に刺されて死亡する事件が発生し、遺児の三郎が未だ幼少であるため、叔父の弘詮がしばらく陶氏に復して後見することになった。前引の古文書に陶兵庫頭、陶安房守と記しているのは弘詮のことである。彼の法名や死亡については「寺社証文」所載の瑠璃光寺来歴の中で、次のように述べている(10)。

二男兵庫頭弘詮、法諱鳳梧昌瑞大禅定門ト号シ、位牌有之（中略）一世之軍功多シ、其後筑前ニ於テモ賊徒ヲ討シ、大永三年癸未年十月廿四日死去

右の「寺社証文」をはじめ『大内氏実録』付録の「陶氏系図」及び『改訂徳山市史』上巻（昭和五十九年）なども、陶弘詮の死亡を大永三年（一五二三）とし、法号は「鳳梧昌瑞」と記しているから、これらの記述は明らかに龍文寺の過去帳とは異なっていると言わねばならない。ただし、『大内氏実録』の著者近藤清石氏は同書の本文中において、弘詮の死亡につき「卒年不詳」であるとし、その理由は「陶氏系図」に「大永三年癸未年十月廿四日、卒於筑前筥崎」とあるが、これについては別に所見が得られないとしている(11)。また、弘詮が母仁保氏のために長門国豊浦郡楢原村（現、豊田町）に建立した妙栄寺の記録には(12)、「妙栄寺殿鳳梧昌瑞大居士　十月廿四日　俗名并年号書付無之候」とあって、その俗名や死亡した年号を欠いており、「陶氏系図」を原拠とする弘詮の大永三年死亡説も、詳細に検討すると未だ定説となっていないことが知れる。

しかし、大永三年と明応四年では二十八年もの間隔がある。この間に弘詮の生存が確かめられるとしたら、「陶

氏系図」の記述がたとえ間違っていたとしても弘詮の明応四年死亡説は崩れ、したがって龍文寺過去帳の春圃英公＝陶弘詮説も解消することになるであろう。実はそれを実証するような陶弘詮に関する次の史料が存するのである。

○明応七年□月廿八日付　妙栄寺宛寄進状(13)
○永正三年十一月十五日付　瑠璃光寺宛寄進状(14)
○同十一年十月八日　瑠璃光寺所蔵教授文奥書(15)
○同十三年六月朔日付　熊毛郡安田保・都濃郡戸田令保預状(16)

明応から永正年間にかけての主なものだけでも、右の四点を拾うことができる。さらにこの後の弘詮については、永正十四年（一五一七）七月に家督を息男隆康に譲り(17)、隠居後の大永二年（一五二二）になると、現在国の重要文化財指定となっている紙本墨書『吾妻鏡』の書写を完了していることも知れるから(18)、弘詮を明応四年二月十三日に死亡した春圃英公と同一人物とすることはできない。したがって、龍文寺および保安寺の過去帳にある注書は、「陶氏系図」中の人物を検索する上には貴重な指針となったが、吟味の結果は明らかに間違いであり、後世になって厳しく吟味しないまま書き加えられたことが知れるのである。

(三)「陶氏系図」への疑問

かくして春圃英公＝陶弘詮説は否定されたが、龍文寺、保安寺、龍豊寺の三か寺のうち弘詮説を唱えているのは前の二か寺であって、龍豊寺の過去帳は春圃英公の俗名については何ら触れず、ただ「春圃孝英大禅定門　明応四

年二月十三日　生年十九歳」とのみ注書している。法名の春圃英公が早死した者への別称・略称であると解せば、彼が十九歳で死亡したという前述の記事は無視できないであろう。龍豊寺の場合は過去帳の他に位牌、それに春圃英公のために造立された供養塔まで存する。陶氏に関連した寺院の中でも龍豊寺は明応四年に死亡した春圃英公と最も深い関係にあるといえよう。

そこで、いま仮に春圃英公が明応四年に十九歳で死亡したとしてその誕生年を逆算すると、彼は文明九年（一四七七）丁酉の生まれとなり、前述の陶弘詮はこの時点ですでに対象外となる。あえて十九歳に限定しなくても、文明～明応（一四六九～一四九二）頃に生存が確認される陶氏関係の人物を拾い上げると、その第一は陶弘護の遺児三人（武護、興明、興房）であり、次に弘詮の息男二人（隆康、興就）を挙げることができよう[19]。このうち陶隆康（右馬允）は永正十四年（一五一七）に父弘詮から家督を譲り受け[20]、天文二十年（一五五一）八月二十九日に山口の法泉寺の戦いで死亡していることも明らかであるが[21]、弟の興就については「陶氏系図」に「三郎死去年月不知」とのみある。しかし彼の場合は『実隆公記』の永正八年（一五一一）九月十二日の条に、三条西実隆が興就のために斎名および表徳号を書す記事があり[22]、これもまた考慮外と認むべきであろう。そうすると問題は文明十四年（一四八二）五月、吉見氏に刺され、若くして不慮の死を遂げた陶氏七代弘護の遺児三人に絞られてくる。

弘護が死亡した二年後の文明十六年に惟参周省が著した陶弘護肖像賛には「娶石之益田藤氏、産三男一女家奉而戸亨」とあり、三男一女の三男に当たるのが「陶氏系図」にある武護、興明、興房の三人である。三男の興房は兄二人の死後家督を継いだ陶氏八代目の当主であり[23]、天文八年（一五三九）四月十八日に死亡し、法名を大幻院殿透麟道麒大居士と称しているが、兄の武護、興明については未だ不明の点が多い。「陶氏系図」の武護の項には「文明十四年幼而継父遺領、故伯父弘詮輔佐之、早世」とあり、彼は父弘護の死後家督を継いだが早世しているのである。同様の記事は龍文寺から出された「寺社証文」にも「嫡男武護二男興明共夭逝」とある(24)。早世あるいは夭逝であれば記事が簡略で断片的になることは止むを得ないが、再び「陶氏系図」を見ると武護には四人の子が存することになっている。早世した人物に四人もの実子が存するとは如何なることであろうか。また、興明という人物が二人おり、武護の弟と長男が同一名であることにも疑問を差し挟まねばならない。結局、この「陶氏系図」には明らかに混乱があり、その背後には陶氏にとって包み隠したくなるような事件があったことを想像させる。春圃英公の死もまたこの事件と関わりをもっているが、その前に長男の武護についてもう少し実像を明らかにしておかねばならない。

陶武護について一般に知られていることは前述の「陶氏系図」や「寺社証文」に記されている断片的な事柄であるが、これら以外の史料では『大内家壁書』の長享二年(一四八八)正月二十日の条に、「陶中務少輔殿」と記されている(25)。長享二年は弘護が死亡した六年後であり、当時陶中務少輔を名乗るのは父の遺領を継いだ武護しかいないから、右の史料は彼のその後の消息を知らしめる意味で貴重であろう。そればかりか武護の行動を大きく伝えているのは内藤弘矩の死を録した次の史料である(26)。

内藤肥後守弘矩(弥七　弾正忠　法名常珍)

(前略)明応四年二月廿八日為陶中務少輔武護、於防府被誅、五十歳、其子弥七弘和父与同死

内藤弘矩は盛世(下野守、肥後守)の次男で、文明四年(一四七二)以後二十三年間も長門守護代を務めた大内氏の重臣である(27)。その彼が明応四年二月二十八日に、一方の重臣である陶武護のために周防国防府において、子の弘和とともに誅されたのである。春圃英公が死亡したわずか十五日後のことである。罪ある者を攻め討つことが誅伐の意味であるから、内藤父子を攻め滅ぼしたのは大内氏であるが、前段に「為陶中務少輔武護」とあることを

どのように解したらよいのであろうか。私見を述べる前に、まず先学の説明を聞くことにしよう。田村哲夫氏は次のように述べておられる(28)。

守護政弘は明応三年（一四九三）秋ごろから中風が再発して病床にあった。ところが翌年二月守護代内藤弘矩は政弘の子高弘を擁立して謀叛せんとしたことを、周防守護代の陶武護が政弘嫡男義興に讒言したので誅伐された事件があった。

弘矩誅伐の理由とその背後に、大内政弘後の家督をめぐる兄弟、家臣間の対立が存したことを指摘している。大内政弘が没した明応四年九月以降になってその家臣団の間に長男の義興を廃し弟の高弘を擁立しようとする動きがあり、この事件が表面化するのは明応八年二月になってからであるが(29)、その前兆が四年前頃からあったにしても不思議ではない。

だが、前述の田村氏の指摘が事実であれば、陶武護は謀叛の首謀者である内藤弘矩を讒訴することによって、この事件を未然に防ぎ、宗家の一大危機を救ったことになるのに、既述のごとく「陶氏系図」では、彼の行動を評価しようとする配慮が全く存しない。そればかりか当の武護の消息が明応四年以降に完全に途絶えてしまうのも気になる点である。明応四年二月二十八日の内藤弘矩誅伐事件前後に、陶氏内部ではいったい何があったのか。春圃英公の死亡はこれのわずか十五日前であり、彼の死がこの事件発生と無関係であろうはずはない。系図の裏に隠された真相をあばき出さねばならないのである。

(四) 明応四年の陶氏内訌

室町時代に左大史を務めた小規晴富（一四二二〜一五〇四）の日記が『晴富宿祢記』（別名『小規晴富記』）として刊行されている。文安三年から明応六年（一四四六〜一四九七）までの五〇年中残存しているのは途中の一三か年分だけであるが、明応四年三月二十一日の条に、次のような注目すべき記事を載せている(30)。

競秀軒文首座大内雑掌京来臨、公帖事肝要、蔭凉軒心得可為専一也、（中略）防州大内一族陶以前権介上洛時、在京之内令遁世、今又帰防州舎弟陶《五郎》継家居兄遁世之跡之処、二月十三日為舎兄之所為押寄舎弟当陶宅討伐之、同廿八日内藤肥後守於大内左京大夫入道宅招寄之伐之、内藤武勇者也、忽乍負手討数輩打死了、内藤子可継家旨雖被申付、不能是非、登山之城墎楯籠間、自京兆入道息権介等発向之討内藤子、国々駆動言語道断也、自四五ヶ日以前風聞之間、相尋之処、今日首座来臨相語之、陶舎兄遁世僧也、名宗景云々、継家舎弟十三日討伐者陶五郎云々、内藤者宗景僧伐舎弟陶五郎之時令同意、左京兆及此沙汰云々、宗景僧即時没落赴高野云々

明応四年二月十三日に発生した陶氏の内訌と、同年二月二十八日の内藤氏の事件については記述しているが、内藤氏の問題は後述することにして、ここではまず陶氏のことから考察することにしよう。右の史料によると、大内義興（権介）に随伴して上洛した陶氏舎兄が、在京中に遁世したため、弟の五郎が兄の跡を継いだところ、明応四年二月十三日になって出家したはずの兄が突然防州に帰り、舎弟の五郎を滅ぼしたことが知れる。かかる挙に出た理由などは知り得ないが、出家し僧侶になった舎兄の名は宗景といい、被害を受けた舎弟は五郎と称したことも判明する。日記の日付が三月二十一日で、事件発生から一か月以上も経っているところは気懸かりであるが、文中に「自四五ヶ日以前風聞之間、相尋之処、今日首座来臨相語之云々」とあるように、作者の小規晴富は周防国で発生

した二つの事件を、最初は風聞として聞いていたが、その内容を今日（三月二十一日）大内氏雑掌の競秀軒秀文首座に会い詳しく確かめた上で、日記に記しているのである。前半に明応四年二月十三日のこととして事件の概要をまず記し、後半に再び「陶舎兄遁世僧也、名宗景云々」と詳記しているのは、右の経緯を的確に示唆したものといえよう。

さて、右の事件があった明応四年二月十三日は、言うまでもなく春圃英公の死亡日と一致する。陶弘護の遺児でこの時死亡したのは舎弟の方であるから、次男の興明がこれに比定され、この度発見された横矢地蔵堂の宝篋印塔はまさしく彼の死を悼んで造立されたものと推定されるが、右の日記は実名を五郎とのみ記すだけでその他のことは分からない。また弟の五郎を殺害した兄の方も遁世して名を宗景と改めたことが知られるのみである(31)。ところが、この宗景が弘護の没後を継いだ武護であることは、次の史料が証明している(32)。

為陶中務入道宗景対治令進発候、即時没落無念之至候、落所未聞候、猶以隠置能美嶋候歟、可糺明候間、海上之儀別而御奔走可為祝着候、其外彼凶徒居住之在所候者、尋求討捕候様、可被加下知之条肝要候、仍左京大夫得此旨、可申之由候、恐々謹言

二月廿三日　　義興　判

阿曽沼民部大輔殿

この文書は萩藩寄組の阿曽沼二郎三郎家に伝わるもので、年号を欠いているが、文中にある大内左京大夫（政弘）が没するのは明応四年九月十八日であり、右文書は彼の生前で、しかも前述の陶氏内訌以後に書かれているから、書記年次は明応四年二月二十三日と認められる。そうすると、この文書が出たのは事件が発生した十日後となり、書かれている内容も事件の経過と矛盾しない。陶中務入道宗景、つまり陶武護は弟の五郎興明を殺害後、直ちに周

防富田を出奔し、安芸方面へと向かったが、彼の行動は決して許されるべきもなく、宗家大内氏から厳しく追討される境遇に陥ったのである。

筆者は前に、「陶氏系図」がこの武護について四人の子供がありながら早世と記し、法名はもちろん死亡年月日を欠くなど、その記述に混乱と矛盾のあることを指摘した。しかし、系図の背後にある事件の真相が明らかになれば謎は解けよう。武護は陶氏の嫡男として亡父の遺領を継ぎ中務少輔を名乗ったが、結局は実弟を滅ぼし、宗家の大内氏から追討される身となったのである。したがって陶氏系図は、自家の汚点となるこれらの事実を故意に隠蔽《いんぺい》し、「早世」とのみ注書したことが知れるのである。

一方の、兄武護に急襲され死亡した興明の実像はどうであろうか。前掲の『晴富宿祢記』には「舎弟陶継家居兄遁世之跡」と、興明が兄の跡を継いでいることを伝えているが、明応四年二月十三日には死亡するわけであるから、彼が実際に陶氏当主の座にあったのは三年足らずのわずかな期間である。この間における興明の行動を把握することは困難であるが、それでも次のごとき史料も残っている(33)。

当寺住持職并当知行地事、任快哉院殿昌竜殿証判之旨、寺務領掌不可有相違之状如件

明応三年九月廿日　　　　　　興明　判

満願寺

これは萩旧在の満願寺が所有する古文書である(34)。この寺はもと陶氏領内の富田別所（徳山市上村字別所）に存した真言宗寺院で、現在もその廃寺跡が残っている。陶興明は満願寺に対し、同寺の住持職と知行地を父弘護（昌竜院）と同様安堵する旨のことを約しているのである。明応三年は断るまでもなく事件発生の前年である。

ところで、「陶氏系図」には前にも触れたように興明と称する人物が二人いる。弘護の次男で春圃英公に比定し

ている如上の興明の他に、武護の長男がそれで、しかも後者の場合は「五郎、年月不知、於富田被撃」と注書まで付いている。だが、武護の長男を明応四年二月十三日に死亡した陶五郎と見做するわけにはいかないであろう。年代が合致しないからである。筆者は陶氏系図上の二人の興明は実は同一人物であると思う。その理由は、右に述べたごとく武護の跡を弟の興明が継いだからで、「陶氏系図」はこうした事実に基づいて武護の下に興明を置いたために、実際には弟の方には「某興明夭」としか記さざるを得なかったのである。したがって、「五郎、年号不知、於富田被撃」とある注書は明応四年二月十三日に死亡した興明のことであり、彼が兄武護によって富田において滅ぼされたというこれまでの叙述とも符合するのである。

『晴富宿祢記』にもあるように、武護が攻めたのは弟五郎が守る「当陶宅」であり、それは富田の平城《ひらじょう》に存した陶氏居館以外には考えられない。現在ここは公園となっており、近くには新殿《にいどん》と称する平地も残っている(35)。この戦闘で五郎興明は死亡したが、龍豊寺過去帳には「春圃孝英大禅定門　明応四年二月十三日　生年十九歳」とあるから、彼が十九歳で死亡したことも事実であろう。逆算すると興明は文明九年（一四七七）の生まれで、父弘護が死亡したときは未だ六歳であったことになる。

陶氏居館跡に立って南方に見えるのが七尾城で、この城のことは江戸時代の延享二年（一七四五）の記録に「往古陶尾張守居住之由申伝へ候、尤北半ニ釣井跡と申伝へ有之候」とあって(36)、陶氏の居城であることが知れ、さらに、この七尾城と陶氏居館を挟んで北側に位置するのが上野城山である。この城山のことも『地下上申』に「古城山壇長十五間程横四間程、上野村ニ有り」云々と記し(37)、陶氏家臣の梶原某に守備させていたようであるが、地元にはかつて七尾城と上野城山との間に戦闘があったという伝承が残っている(38)。双方の城山から弓矢が飛び交うたので、その間にある地名を横矢と称するようになったともいわれている。もちろんこれらの伝承には後世の付会《ふかい》もあろうが、両城間の戦闘が事実であるとしたら、陶氏の他との戦いを想定するよりも、前述の明応四年における陶氏内部の兄弟間でなされた戦闘の方が、より真実性があると言えよう。

そしてこのことは、春圃英公、すなわち陶興明の供養塔が右の横矢の地から発見されたことと深い関わりをもっている。すでに紹介したように、「□圃孝英禅定門　□乙卯二月十三日」と刻んだ供養塔が大道理の龍豊寺にも存し、同一の人物を弔うために造立された二つの石塔が別々の箇所から発見されている。龍豊寺の場合はこの寺の開基が陶弘護の室益田氏で、彼女は興明の生母でもあるから当然であり、他の一基が置かれた横矢の地は、ここにおいて彼が戦死したからに他ならない。造立した人は無論残された彼の縁者に違いないが、生母の咲山妙听をおいて他にはいないであろう。彼女は興明より長生し、右の事件から三十年後の大永五年（一五二五）に死去している。若くして逝った興明の死を悼み、遺骸を龍豊寺に埋葬するとともに、富田の地においてもわざわざ石塔を造立し、手厚く追善供養を営んだのである。

（五）内藤弘矩誅伐の真相

『晴富宿祢記』の明応四年三月二十一日の条には、すでに紹介したように、前月の二月十三日における陶氏の内訌と一緒に、ちょうどこの十五日後の二月二十八日に生起した、大内政弘・義興による内藤弘矩の誅伐事件が記されている。問題は長門守護代の職にある内藤弘矩がどのような理由で討伐されたかにあるが、上の日記には[39]

内藤者宗景僧伐舎弟陶五郎之時令同意、左京兆及此沙汰云々

と、弘矩の討伐がこれまでに述べた陶氏の内訌と裏で繋がっていることを知らせている。直截《ちょくせつ》にいえば、弘矩は

陶武護が弟興明を討つことに同意したために大内氏によって滅ぼされたのである。この「同意」が如何なる意味を含んでいるか、これを直接に立証するような史料は未見であるが、内藤氏の記録には弘矩の死について「為陶中務少輔武護、於防府被誅」と記し(40)、これを一般的には陶武護の讒言によって内藤弘矩が大内氏に討伐されたものと解されていることは前述のごとくである(41)。

しかし、武護はすでに明らかなように延徳四年（明応元年）六月頃に遁世し、しかも明応四年二月十三日の一件以後は、大内義興によって追討される境遇にあるから、彼が内藤弘矩を讒言するとは到底考えられない。陶氏の中で誰かが内藤氏の動きを察知し、これを主君の大内氏に訴えたとしたら、それができるのは興明であろう。兄武護の遁世後陶家を継いだ興明がかかる挙に出たために、一旦遁世出家したはずの武護が帰郷し、兄弟間の戦闘に至ったものと解されるのである。

そうすると、これまで不透明であった武護の行動が少しずつ明らかになってくる。武護は内藤弘矩と密かに通じていたのである。そうでなければ陶氏内部の紛争に内藤氏が巻き込まれることもあるまい。前述の「同意」を筆者は両氏の内応、共謀の意味に解すべきであると思う。『晴富宿祢記』によると、武護は大内義興に従って上洛し在京中に遁世したため、弟の興明が陶家を継ぐことになったが、武護のこの突然遁世した理由が実は不明である。だが、武護が陶氏の当主として内藤弘矩と結び、陰謀計画に参加していたとすると、一見不自然に見える彼の行動も一本の線に繋がってこよう。

龍豊寺過去帳によると、興明は十九歳で死亡しているから兄の武護はこのときすでに二十歳にはなっていたが、それにしても大きな陰謀をめぐらすには未だ若輩である。計画の一部が外部に漏れるか、あるいはその気配を予め周囲に察知されたために、在京のまま遁世するという奇行に走ったのであろう。遁世後に再び周防富田に帰り、弟興明を滅ぼした武護のその後の様子については、この直後の二月二十三日に出された大内氏の追討状(42)しか存しないが、建咲院（新南陽市土井）にある「陶氏系図」には「武護、三郎、鶴寿丸、於姫山討死」と、武護が内藤氏の属城である山口の姫山で討死したことが記されている。彼が大内義興に追われながら果たして山口まで潜り込めたか、この辺にも疑問は存するが、これを否定する史料は未だ発見されていない。

最後に、陶武護、内藤弘矩等による陰謀が未遂に終わったとはいえそれが如何なるものであったのか、この点について触れてみたい。大内義興を廃し弟高弘（尊光）を擁立しようとする計画が大内氏家臣団によってめぐらされ、これが露見するのは明応八年（一四九九）のことである。『大乗院寺社雑事記』は明応八年三月十日と同年六月の条の二か所で、この事件の様子を次のように記している(43)。

（明応八年三月十日）

一　自京都申下条々、（中略）二月十六日西国大内披官《ママ》杉平さ衛門以下数輩切腹、大内可取替支度、仍大内上洛不可有之、

（同年六月）

一　二月十六日夜スワウ杉平さ衛門其外はらを切、大内殿取かへ可申事ニテ候、

一　ひかミ《寺也》の大内殿おとゝもおちられ候、京上故と申上事なりき、

右の史料からも窺えるように、この陰謀は途中で露見して杉平左衛門武明等は自殺し、当時氷上山興隆寺の別当職にあった大護院尊光は、大友氏を頼って豊後に走ったのである。陶武護と内藤弘矩が死亡したのはこれの四年前の明応四年である。ちょうどこの前年には大内政弘が中風症を再発して家督を義興に譲っており、大内氏にとっては代替わりの時期である。政弘は翌四年九月十八日に死亡しているからこのときすでに日常の執務は困難であった

ろうし、義興も未だ十九歳にしかなっていない(44)。主家大内氏に対し陰謀をめぐらし、これを決行するとしたら、明応三〜四年が最も好機であったろう。陶武護は未だ政治経験は浅いが、内藤弘矩は大内政弘代の文明四年（一四七二）八月から実に二三年もの間長門守護代の要職にあったベテランである(45)。彼が陶氏を抱き込んだだけでも大内氏にとっては容易ならざる事態といわねばならないが、弘矩は女を杉興泰（左衛門尉、土佐守）や吉見頼興にも嫁がせている(46)。つまり、明応四年の陰謀は大内氏家臣団の三本柱である陶・内藤・杉氏やその周辺の豪族まで巻き込んだ大掛かりなものであったと考えられる。これが未遂に終ったのは、前述のごとく陶武護の軽挙に原因があり、そのために彼の背後にあった内藤氏も大内義興軍によって誅伐されることになったのである。

むすびに

史料の中でも遺物類は文献などと比べ、自分自身からは歴史事実について多くを語らない。しかし、それが一個の実物史料として本物である限り、我々はこの遺物に対し様々の問いを発して、その拠ってきたる理由や意味を語らしめねばならないのである。

徳山市下上字横矢の地蔵堂から発見された宝篋印塔は、塔身面に被供養者の法名と紀年銘を刻むだけで、他には手懸りらしいものもないが、これを丹念に調べあげていくと、その俗名ばかりか彼を死に至らしめた事件まで明らかになるのである。考証の過程で過去帳や系図なども参照したが、これらが歴史史料としてやや信憑性を欠くことは、すでに本文中で吟味したとおりである。

周防富田を拠点に約二百年もの間周南地方を支配した陶氏の研究は、これまで当然手をつけるべくして等閑してきた課題であり、その主な原因が関連史料の不足にあることも事実であろう。拙稿が今後の陶氏研究に少しでも呼び水の役割をなし得れば幸甚である。

【注】

（1）調査結果については年度毎に徳山市教育委員会から概報が出ている。
（2）以下の各板碑については、播磨定男編著『中国地方の板碑』（山陽新聞社出版局、昭和六十二年）を参照されたい。
（3）過去帳の注書にある□は判読不能の文字である。陶弘護の弟は弘詮であるから、前段の文脈からすると「弟」とすべきであろう。
（4）『寺社証文』の霊簿は過去帳のことであるが、ここでは「十三日」とだけあって、年月を記さない位牌のことを指している。
（5）宝篋印塔は同寺東側の墓地に現存するもので、基礎と塔身を一石で彫成しこの上に笠をのせている。相輪を欠いており、塔身部の高さは三五センチで、安山岩製である。銘は塔身四方に金剛界の四方仏種子を双鉤《そうこう》体で彫り、そのタラーク面に法名と紀年銘を刻んでいる。□□で示した箇所は磨滅して判読不能であることを意味している。因みに明応四年の干支は乙卯である。
（6）この過去帳には「正徳元年十二月廿四日当寺現住順越代」の奥書がある。春圃英公の注書を見ると、保安寺のものは龍文寺と龍豊寺の過去帳を統合した内容になっているから、後者の各史料を見てつくったのであろう。
（7）特に断るもの以外は近藤清石著『大内氏実録』（マツノ書店、昭和四十九年復刻）付録の「大内系図」、三坂圭治監修『近代防長諸家系図綜覧』（防長新聞社、昭和四十一年）付録の「新撰大内氏系図」などによる。
（8）『萩藩閥閲録』第四巻、三九七頁。
（9）前掲『大内氏実録』三三三頁。
（10）前掲注（8）四四九頁。
（11）前掲『大内氏実録』、一三二頁。
（12）『防長寺社由来』第七巻、三七五頁。
（13）同寺所蔵文書（御薗生翁甫著『防長地名淵鑑』八〇八頁）。

(14) 同右、六〇八頁。
(15) 前掲『大内氏実録』二三二頁。
(16) 上司家文書『徳山市史史料』上巻、一四頁。
(17)『萩藩閥閲録』第二巻、四七七頁。
(18) 紙本墨書『吾妻鏡』は本文四十七冊と年譜一冊からなっており、本文の末尾に「大永二年右田弘詮書写」と奥書がある。山口県岩国市横山、吉川重喜氏所蔵。昭和九年正月三十日重要文化財指定。
(19) 彼等の他に陶持長（兵庫頭、従五以下）や陶隆満（安房守）などもいるが、両者は明応四年以降の天文年間（一五三二〜一五五五）に生存が確認されるから、ここでは考慮外となる。
(20) 前掲注（17）。
(21) 前掲『大内氏実録』二五七頁。
(22)『山口県史料』中世編上、一五六頁。
(23) 陶興房公寿像賛并序には「弘護有三男、其二者夭傷、居士當二其三一、幸而継レ家、天與也」とある。（『萩藩閥閲録』第四巻、四一一頁）
(24)『萩藩閥閲録』第四巻、三九七頁。
(25) 前掲『大内氏実録』一四二頁。
(26)『萩藩閥閲録』第三巻、一七〇頁。
(27) 同右、第一巻、六八一頁。
(28) 田村哲夫「長門守護代の研究」（『山口県文書館研究紀要』第一号）。
(29) この点は後述する。
(30)『山口県史料』中世編上、一一九頁。
(31) 彼の遁世については『蔭凉軒日録』の延徳四年（明応元年）七月二日の条に、「早旦顕等来云、大内被官陶遁世在天王寺云々」とあり、大内政弘・義興が将軍足利義稙の六角高頼を討伐する近江の陣に供奉していたとき突然に遁世したのである。

(32)『萩藩閥閲録』第一巻、八三五頁。
(33)『防長寺社由来』第六巻、二七九頁。
(34)萩の満願寺は明治になって廃寺となり、防府市宮市の末寺霊台寺と合併、現在は霊台山満願寺と称している。
(35)『菊川のむかしむかし』(昭和六十一年、非売品)五頁。
(36)・(37)『地下上申』(『徳山市史史料』上巻、二八〇頁)。
(38)下上字上野在住の有間宣雄氏談。
(39)『山口県史料』中世編上、一一九頁。
(40)前掲注(26)。
(41)前掲注(28)及び三坂圭治監修『近世防長諸家系図綜覧』(防長新聞社、昭和四十一年)なども同様の見解を示している。
(42)前掲注(32)。
(43)『山口県史料』中世編上、一二九頁。
(44)義興は享禄元年(一五二八)十二月二十日に死去している。このとき五十二歳、あるいは四十五歳ともいわれるが、ここでは前者に従った。
(45)前掲注(27)。
(46)『徳地町史』(昭和五十年)一五二頁。

《付記》

供養塔の発見から本稿をなすまでには、関連史料の収集等に多くの時間を要した。この間に徳山市教育委員会の藤井孝純氏から様々のご協力を賜ったことを付記し、お礼を申し上げたい。なお、龍文寺や龍豊寺をはじめ陶氏に関係した各寺院、史料の閲覧等で御協力頂いた方々に対しても、厚く感謝の意を表したい。

二　中世末期の墓塔

――山口県徳山市を事例として――

はじめに

徳山市は山口県周南地方の中心部に位置し、現在では同地方における経済的・文化的発展の中枢を担っている。この地域において中世鎌倉時代から近世江戸時代にかけ造立展開された石造文化については、『徳山市の社寺文化財』調査報告書、および同資料編（ともに徳山市教育委員会編、平成三年三月）によって、その実態と概要を把握できるという便宜さに恵まれている。ことに後者の資料編は、徳山市教育委員会が市域内の神社・仏閣を中心とした文化財について各専門家に現地調査を依頼し、昭和五十四年から平成元年までの実に十一年間の歳月をかけて作成した、いわば昭和の一大文化事業であり、この調査に最初から参加した一人としてこの度の刊行には喜びもひとしおである。また、右の資料編は調査期間中に公刊された各地域ごとの概報を後日にまとめたものだが、前者の調査報告書の方は全調査を終了した時点で、各分野ごとに主な遺品を取り上げ、写真を掲載し解説を試みている。筆者が担当した石造文化の分野では、より広く一般市民の方にも地元の文化遺産に親しんでいただくために、石造文化の概略的説明に加えて「徳山の石造文化」と題した一文を載せ、鎌倉時代から室町時代までの各時代ごとの概観をすることにした。つまり、徳山地方に開花した石造文化については主要遺品の個別的データや解説を載せるだけでなく、同地域内の類似品や他地域との比較などを通じて全体的特色や流れが理解できるように配慮したつもりである。

さて、徳山地方の石造文化について本稿との関連からその概要を述べると、同地方の石造文化は鎌倉時代後期に至ってようやく出現している。昭和六十年に夜市地区貝籠から出土した五輪塔が初見で、同所から弘安四年（一二八一）銘が二基発掘されており、これは有銘五輪塔の県下最古品である(1)。右に続くのが菊川地区上村の上年墓地にある嘉元元年（一三〇三）五輪塔で、上記貝籠では弘安四年銘と同じ場所から嘉元五年（一三〇七）と元亨年間（一三二一～一二四）銘の五輪塔が各一基ずつ出土している。また、中央部地区桜木二丁目の慈福寺には周知のように高さ三メートル余の県下でも比類を見ない立派な宝篋印塔があり、無銘であるがその形式・構造・規模などから鎌倉時代末期頃のものと推定される。

鎌倉時代に至って五輪塔と宝篋印塔の造立に始まる徳山地方の石造文化は、次の南北朝時代に入ると石碑、笠塔婆、板碑、層塔などの分野にも遺品が見られるようになる。須々万地区飛龍八幡宮境内に現存する石碑は建武三年（一三三六）銘であり、笠塔婆は菊川地区岩屋寺の貞和三年（一三四七）と須金地区西松室の永徳三年（一三八三）銘の二基、さらに板碑は菊川地区庄原に応安七年（一三七四）銘の地蔵像容自然石板碑があり、層塔は戸田地区瑞龍寺の五重塔（現在は四重塔）が無銘ではあってもこの時代のものと認定される。徳山地方の石造文化は前代の鎌倉時代には夜市・菊川・中央部地区など海岸線の山陽道沿いに展開していたものが、南北朝時代に入ると山間部の須々万・須金地区にも波及し、五輪塔や笠塔婆、石碑などの造立を見たことに注目せねばならない。

室町時代は右の地域的分布が一層拡大し、造立された遺品も次第に数を増してくることは時代の趨勢と言えよう。具体的な遺品については後述するが、これまでに初見した五輪塔、宝篋印塔、板碑、笠塔婆などに加えて石室、石殿、一重塔、無縫塔なども造立され、有銘のものだけでも一々列挙できない多数に上っている。これらに無銘の例えば小五輪塔や小宝篋印塔などを含めると、徳山市内一四地区のほぼ全域に石造文化がいきわたっていると称しても過言ではない。換言すれば、徳山地方の石造文化は室町時代、なかんずくその後期に至って急激に造立数を増大させ、地域的分布の範囲も急速に拡大してくるのである。したがって、この現象を数的な面からのみ捉えれば室町時代は石造文化のまさに全盛期とも言い得るが、石造文化の内容、ことに個々の種目に即して中身を吟味すると、この時代の造立数や分布の度数を引き上げている最大の要因は、実は室町時代後期に至って大量に造立される小五輪塔や小宝篋印塔にあることが判明するのである。

室町時代に造立された小五輪塔や小宝篋印塔は徳山市内に限らず他地方においても普遍して見られるが、その多数は無銘であることもこの遺品のもつ大きな特徴といわねばならない。そのためにこれらが造立された目的や意義を未だ十分に把握し切れず、したがって、地理的分布にしてもその意味や背後史との関連性などに言及するまでには至っていないのが実情である。本稿ではこうした従来の殻を打ち破るべく、これら無銘塔の存在や意義についても考察を広めることになるが、その成否は同形式の有銘塔の収集と、その内容や出土状態などをいかに分析吟味するかにかかっている。幸い徳山市内からは室町後期の文亀元年（一五〇一）～天正十九年（一五九一）の間に五二基の同有銘遺品が発見されており(2)、これらの事例を手懸りに該題に迫り得るものと考えているが、江湖の御教示を賜われば幸甚である。

(一)　室町時代前期の遺品

(1)　規模の縮小と形式の簡略化

室町時代後期の石造遺品に言及をする前に、同時代初期から中期にかけて造立された有銘作品を取り上げ、時代の流れがこれらの遺品にどのように反映しているか、形式、内容の両面からこの時代の全般的特徴を見ていくことにしたい。まず遺品を掲げると次のようになる(3)。

室町時代前期の有銘石造遺品

① 応永十二年(一四〇五)湯野三尊種子板碑三基(湯野地区佐古)
② 寛正年間(一四六〇〜六五)金浄庵跡五輪塔一基(夜市地区下伊賀)
③ 文明　九年(一四七七)岩屋寺五輪塔一基(菊川地区下上)
④ 同　十七年(一四八五)龍文寺宝篋印塔一基(長穂地区門前)
⑤ 延徳　三年(一四九一)龍文寺五輪塔一基(長穂地区門前)
⑥ 明応　四年(一四九五)横矢地蔵堂宝篋印塔(菊川地区下上)
⑦ 同　四年(一四九五)龍豊寺宝篋印塔一基(向道地区大道理)
⑧ 同　六年(一四九七)龍文寺宝篋印塔一基(長穂地区門前)
⑨ 同　七年(一四九八)倉峠六地蔵種子板碑六基(菊川地区井谷)
⑩ 同　七年(一四九八)中村混合種子板碑一基(向道地区大道理)
⑪ 同　七年(一四九八)諏訪前石室一棟(菊川地区井谷)
⑫ 同　九年(一五〇〇)井谷石室一棟(菊川地区井谷)

最後の石室を除く他の塔形はすべて既出のもので、板碑や五輪塔は前代の南北朝期にも造立されているが、宝篋印塔は鎌倉時代末期以来の出現である。室町時代前期のおよそ百年間に一二件の造立は南北朝時代とほぼ同じペースであり、室町時代も中期頃までは造立件数の上でこれまでと大きな変化は見られない。次に石造文化を種目別に見ていくと、板碑は①の湯野三尊種子をはじめ⑨⑩と、この期間だけで三か所から発見され、室町後期になっても菊川地区の岩屋寺や横矢路傍、須々万地区下角などから有銘無銘のものが五、六基記録されており、徳山地方の板碑文化は南北朝期に初見して以来間断なく順調な発展を遂げていると言えよう。ただし形式的には自然石を粗く削ったままの自然石板碑が中心で、時代とともに規模は縮小し、主尊表刻にしても前代の庄原地蔵像容板碑のような精巧な作品は見られない。頂部の山形と横二条線の特殊形式が見られるのはむしろ室町末期の無銘品であり、徳山市周辺からも整形板碑の古遺品は発見されていない。①⑨⑩の三件とも梵字種子や名号、それに紀年銘を刻す程度であるから造立趣旨や目的も未だ判然としないが、⑨と⑩の両基は旧墓地から発見されており、ことに⑨の倉峠板碑の場合は同形式のものが六基（うち一基は後補）併立し、各々地蔵種子を顕刻している。すなわち、この板碑は六地蔵信仰の風潮を享けて故人の追善供養のために造立されたものであり、これ以前の例えば庄原地蔵像容板碑が地域における地蔵信仰の表出物として八一七人もの善男善女によって造立されていることと対比した場合、その違いは一目瞭然としてくる。室町時代の板碑はかつてのように主尊を安置供養するという本来的なものよりも、故人の追善や冥福を祈願するために造立されるようになり、したがって造立場所も故人の埋葬地、すなわち墓地との関連を強めてくるのである。

これらの板碑に対し五輪塔や宝篋印塔は、次第に小規模化した遺品が多く、そのために発掘に際し各部が分散して出土するケースが多く見受けられる。②の夜市地区金浄庵跡にある五輪塔は水輪が高さ二八センチ、幅三〇センチと(4)、この時代のものとしては大きい方であるが、残念ながら他の部分は発見されていない。これに続く③岩屋寺五輪塔は五輪各部が一石彫成で、この種の形式では市内でも初見である。全高六五センチと小形であるから水輪も高さ一五センチ、幅一九センチと①に比べ規模も大分縮小し、これ以降に出現する小五輪塔との共通性を多分に含んでいる。⑤の龍文寺五輪塔は各部別石であるが現存するのは刻銘のある地輪のみで、高さ二三センチ、幅二五センチ、奥行き二五センチの地輪上に現在ではこれと釣り合いのとれた水・火・風・空輪をのせ復元している。ただしその場合でも全高は八五センチしかなく、室町時代に入ると五輪塔も前の板碑と同様小形化し、形式的にも退化している様子が窺えるのである。

前掲の遺品一二件中宝篋印塔は四基も含まれ、室町時代前期からすでに多数造立の兆候を見せている。④龍文寺文明十七年銘は刻銘のある塔身を中心に復元され、全高（台上）一一〇センチを計るが、塔身部は高さ一八・五センチ、幅一八センチ、奥行き一九センチと小形であり、月輪内の梵字種子も力を失っている。この頃の遺品は規模が縮小するだけでなく宝篋印塔各部の造作が簡略退化し、基礎面に見られる格狭間を線刻したり、基礎上の段形を省略したりするものも現れている。⑥の横矢地蔵堂の明応四年銘も基礎と塔身のみが残存し、高さ二六・五センチ、幅二九センチ、奥行き二九センチの基礎上に高さ、幅、奥行きともに二〇・五センチの塔身をのせている。⑦の龍豊寺明応四年銘や⑧の龍文寺同六年銘になると、塔身部はともに一六センチ程度まで縮小しているから、⑥の横矢地蔵堂明応四年銘はこの時代のものとしては比較的大きい方である。しかし前代に比べれば五輪塔、宝篋印塔ともに急速に規模が縮小し小形化していることは各地域においても共通して見られ、五輪塔の場合は前述③の文明九年（一四七七）時点ですでに一石彫成品が出現しているように、宝篋印塔においても⑦の龍豊寺明応四年銘は基礎と塔身が一石で彫成されるなど、次第にこれらの石塔が大量造立の時代を迎えつつあることを知らせている。

（2）石塔から墓塔への変化

前掲②の金浄庵跡五輪塔は水輪部分に、五輪種子バとバーに挟まれて紀年銘と「沙弥□□／敬白」の銘文を刻んでいる(5)。この後の五輪塔が地輪部分に刻銘することと対比しても、右の五輪塔は未だ小形化する以前の前代の遺風を色濃く反映した作品といえよう。これに続く③の岩屋寺文明九年銘と⑤の龍文寺延徳三年銘の両基は各々地輪に「逆修理勢」「□國光地禅門」と僧侶名や故人の法名を刻んでいる。前者は岩屋寺僧理勢の逆修供養塔であり、後者も俗名は知り得ないが龍文寺と関係した人物の死後の冥福を祈願して造立されたものであろう。これらの例に見られるごとく、五輪塔の地輪に僧侶の名前や故人の法名を刻むことは室町時代の大きな特色であって、さらにこうした傾向は宝篋印塔において顕著に示されている。すなわち、④の龍文寺文明十七年銘は塔身に「□國瑞兼居士／文明十七乙巳（年欠）五月廿三日」とあり、⑥の横矢地蔵堂の場合も塔身に「春圃英公／明應四乙卯（年欠）二月十三日」と、故人の法名と紀年を刻んでいる。そこでこれらの法名を文献と照合すると、前者の「□國瑞兼居士」は石見国の豪族で同国西部の七尾城を拠点とした益田兼堯の法名全國瑞兼居士と一致し、紀年銘は彼の死亡日を刻んでいることが知れる(6)。

周知のように龍文寺は永享元年（一四二九）に陶氏五代盛政が創建した古刹であり、盛政の孫弘護の正室が益田兼堯の娘であるから、彼女によって陶氏菩提所に亡父の供養塔が造立されたものと判断できるのである。また、後者の「春圃英公」は陶弘護の次男興明の法名春圃孝英を略称したもので、興明は明応四年二月十三日に長兄武護と陶氏本拠地の富田保において合戦し死亡しているから、石塔の紀年銘はまさにこの日を記したものと解される(7)。⑦の龍豊寺宝篋印塔も右の興明に関するもので、これの塔身には「□國孝英禅定門／□乙卯二月十三日」とあり、途中磨滅したりはしても法名や紀年銘などから右と同一人物のために造立されたことが認められよう。つまり⑥⑦の両基は陶興明なる人物のために造立されたもので、塔身にはともに故人の法名と死亡日を刻んでいるのである。

さらに、これら両塔が発見された箇所に矚目《しょくもく》すると、後者は興明の生母益田氏が開基と称される龍豊寺墓地に安置されているが、前者は本人が戦死したと想定される陶氏居館跡の近くから出土している。両塔ともに塔身部に故人の法名と死亡日を刻銘するなど、内容表現の面ですでに墓塔としての色合を濃くしている事実を考慮すれば、たとえそれが故人と関連する寺院墓地や戦死地から発見されたとしても別に不思議ではないが、この時代即ち室町時代の石塔は従来と造立の意義を異にして、次第に故人の屍体を埋葬した墳墓との結びつきを強めてくることは看過し得ない出来事といえよう。五輪塔や宝篋印塔、板碑などの石造塔婆を造立する意義は、これらの塔婆を造立し仏や舎利・仏典等を安置供養することにあり、その仏縁によって現世及び来世での功徳が得られるのである。

しかし、わが国の石造塔婆史を顧みればこうした石塔立像の本来のあり方とは別に、造立者の功徳を故人に回向し、その冥福や追善を祈願することも相当早い時期から行われている。ことに五輪塔の場合は水輪や地輪に内部施設として丸形や方形の孔を設け、この中に蔵骨器を収納したり(8)、板碑にも最初から故人の追善を目的として造立されたものなどもあって(9)、時代の経過とともにこうした類例は増加している。ただしその場合、刻銘に故人の追善を唱えながらも、石塔としての本分たるべき主尊は塔身正面の主要位置に顕刻するなど、たとえ五輪塔に故人の舎利を納入すべき丸孔を設営したにしても、水輪や地輪の表面に故人の法名を記すことはしないのである。換言すれば造立の目的を第二義的な故人の追善供養に変えながらも石塔本来の意義を保持しているのである。ところが、室町時代になるとすでに例示したごとく、五輪塔や宝篋印塔の刻銘に被供養者の法名・死亡日を記すことによって造立の意図を明確に表現し、規模の面では小形化によって内部施設を伴うことはほとんど見られないが、その分だけ故人の埋葬地との関係を強めてくるのである。具体的にいえば、前掲一覧表の龍文寺、龍豊寺、岩屋寺などは市内でも有数の古刹であり、ここから発見された五輪塔や宝篋印塔は最初から墓塔として故人の墳墓上に建立された可能性が高いのである。そしてこの石塔から墓塔への変化はこの後も一層強力に推進され、かつて類例を見ないほど多数の小五輪塔、小宝篋印塔の出現期を迎えるのである。

(二) 室町時代後期の遺品

(1) 一石彫成型小塔の出現と流布

室町時代後期の文亀・永正年間（一五〇一～一五二〇）以降になると、石塔の中でも五輪塔や宝篋印塔の発掘件数が急激に増大してくる。因みに徳山市での調査結果を一覧表にして示すと、表Ⅱ—1のようになる[10]。

室町時代前期の明徳三年（一三九三）～明応九年（一五〇〇）までの百年余の間に造立された有銘の五輪塔、宝篋印塔は合計七基程度であるが、室町後期には文亀・永正年間（一五〇一～一五二〇）だけで九基も造立され、以後天文年間

表Ⅱ—1　有銘五輪塔・宝篋印塔の分布

年次＼地区	湯野	戸田	夜市	菊川	向道	長穂	須々万	中須	須金	久米	櫛浜	鼓南	大津島	中央部	計
明徳・応永（1390～1427）															
正長～文安（1428～1448）															
宝徳～応仁（1449～1468）			1（1）												1（1）
文明・長享（1469～1488）				1（1）		1									2（1）
延徳・明応（1489～1500）				1	1	2（1）									4（1）
文亀・永正（1501～1520）				5（3）		3	1								9（3）
大永・享禄（1521～1531）				2（1）											2（1）
天文（1532～1554）				1	3	8									12
弘治～元亀（1555～1572）				3	1	3									7
天正（1573～1591）			1	13（7）	3	1			2					2	22（7）
計			2（1）	26（12）	8	18（1）	1		2					2	59（14）

注）（　）内は五輪塔

（一五三二〜五四）には一二基、弘治〜元亀年間（一五五五〜七二）には七基、天正年間（一五七三〜九一）には二二基と時間の経過とともに造立数が増えている。文亀元年以降天正年間までのものを合計すると、宝篋印塔は四一基、五輪塔は一一基となり、両者を併せた五二基は室町前期との比較だけでも実に七倍強に達している。もちろんこれらの数は有銘品だけであるから、これに実際は有銘品の数倍はあると推定される無銘品を加えると、おおよそではあるが全体で三〇〇〜四〇〇基程度の造立が見込まれ、年平均では三、四基程度の造立件数となる。

ただし、こうした造立数の急増は以前よりも石塔自身の規模を縮小させ、形式の簡略・退化現象も一層顕著となっている。具体的に言えば五輪塔の場合は全高が一〇〇センチ以下、宝篋印塔でも全高一二〇センチは大部な方で、五輪塔と同様全高が七〇〜八〇センチ位のものが多数を占め、中には全高五〇センチ以下の一石彫成型も散見する。塔形各部の変化については次の表Ⅱ—2を参照されたい(11)。

この表には室町時代中期から後期にかけて造立された宝篋印塔の各部計測値を示しているが、宝篋印塔は永正・天文年間（一五〇四〜五五）頃を境に、それまでの各部別石造りから基礎と塔身を一石で造る一石彫成型に変貌していることが知れよう。無論その初見は前述のごとく龍豊寺にある明応四年（一四九五）銘であるが、当時はまだこの塔形が流布しなかったようで、次にこの形式が登場するのは十四年後の永正年間に入ってからである。その遺品は龍文寺と菊川地区の丸山墓地に一基ずつ存し、紀年銘はともに永正六年（一五〇九）となっている。双方ともに塔身四面に金剛界四方仏種子、基礎には被供養者の法名と紀年を刻しているが調査時に基礎と塔身を別々に計測していなかったので、表Ⅱ—2では双方とも計測値が空白になっている(12)。

ところで、右の一石彫成型は永正六年以降龍文寺、丸山墓地、岩屋寺などで多く見られるが、こうした新型に混じって従来からの別石型も天文年間（一五三二〜五四）頃までは結構造立されている。ことに龍文寺の天文十四年

表Ⅱ—2　宝篋印塔の各部計測値

（単位：cm）

各部名称／事例	基礎			塔身			摘要
	高さ	幅	奥行き	高さ	幅	奥行き	
龍文寺 文明17年（1485）銘				18.5	18.0	19.0	別石型 塔身（円相内四方仏種子・銘） 基礎（欠）
横矢地蔵堂 明応4年（1495）銘	26.5	29.0	29.0	20.5	20.5	20.5	別石型 塔身（円相・銘） 基礎（格狭間）
龍豊寺 明応4年（1495）銘	21.5	24.5	24.5	14.0	16.0	16.0	一石彫成型 塔身（円相内四方仏種子・銘） 基礎（格狭間）
龍文寺 明応6年（1497）銘				14.5	18.5	18.3	別石型 塔身（円相内四方仏種子・銘） 基礎（欠）
龍文寺 文亀3年（1503）銘				16.0	21.0	21.0	別石型 塔身（円相内四方仏種子・銘） 基礎（欠）
龍文寺 永正6年（1509）銘		20.0	20.0				一石彫成型 塔身（円相内四方仏種子） 基礎（銘）
丸山墓地 永正6年（1509）銘							一石彫成型 塔身（四方仏種子） 基礎（銘）
丸山墓地 永正18年（1521）銘	21.0	22.0	18.5	12.0	16.0	15.0	一石彫成型 塔身（四方仏種子） 基礎（格狭間・銘）
海印寺 享禄2年（1529）銘				15.0	19.0	19.0	別石型 塔身（四方仏種子・銘） 基礎（欠）
龍文寺 天文8年（1539）銘	15.0	12.0	16.0				別石型 塔身（欠） 基礎（格狭間・銘）
岩屋寺 天文11年（1542）銘	21.0	21.0	21.0	12.0	15.0	14.0	一石彫成型 塔身（四方仏種子） 基礎（格狭間・銘）
龍文寺 天文14年（1545）銘	14.0	15.0	14.0				別石型 塔身（欠） 基礎（格狭間・銘）
龍文寺 天文24年（1555）銘				17.0	20.5	21.0	別石型 塔身（円相内四方仏種子・銘） 基礎（欠）
岩屋寺 元亀4年（1573）銘	15.0	18.0	17.0	7.0	13.5	13.0	一石彫成型 塔身（無刻） 基礎（格狭間内四方仏種子・銘）
岩屋寺 元亀4年（1573）銘	14.5	17.0	17.0	7.5	13.0	13.0	一石彫成型 塔身（正面円相） 基礎（格狭間内四方仏種子・銘）
岩屋寺 天正2年（1574）銘	17.0	19.0	19.0	9.5	14.0	14.0	一石彫成型 塔身（四方仏種子） 基礎（格狭間・銘）
岩屋寺 天正3年（1575）銘	17.0	21.0	20.0	12.0	18.0	15.0	一石彫成型 塔身（無刻） 基礎（格狭間内四方仏種子・銘）
丸山墓地 天正3年（1575）銘	17.5	21.0	19.0	9.5	16.5	14.5	一石彫成型 塔身（無刻） 基礎（格狭間内四方仏種子・銘）

銘や同二十四年銘などは旧型の遺品で、これらが一石彫成型の新型と同時代に併存しているわけであるから、天文年間はまさに宝篋印塔の新旧二つの形式が入れ替わる転換期ともいえるのである。そしてこの新たな一石彫成型がどのような必然性のもとに登場したかは、前掲の表Ⅱ—1を見れば明らかである。すなわち、文亀・永正年間の有銘六基はすべて新型であり、さらに天文年間の一二基はこれまでの基数をはるかに越えた数値であるが、この中の九基も右と同型によって占められている。天文年間における造立数の飛躍的な伸び、あるいはこれ以降も継続して造立展開される小宝篋印塔量産化の波動がちょうどこの二十五年ばかり前に登場した一石彫成型と無関係でないばかりか、室町時代後期における小宝篋印塔の大量の造立は、右の新型出現によって可能になったと称しても過言ではないのである。基礎と塔身を一石で彫成することによって従来の宝篋印塔をさらに簡略・小規模化し、したがってこれまでよりも生産を容易にした小宝篋印塔こそは、人々の墓塔造立への要望に応えるべく考案されたシンプルな塔形であって、それはまさに時代的要請を担うものであったとも評し得るのである。

(2) 一石彫成型小塔の内容表現

五輪塔の各部を一石で彫成した遺品は、宝篋印塔の明応四年（一四九五）銘よりも十八年ばかり前に出現している。菊川地区岩屋寺には文明九年（一四七七）と永正八年（一五一一）銘の同遺品が二基存し、全高は各々六五センチ、七五センチとこれらもまた従来の別石造りよりは規模が縮小している。この後同地区の丸山墓地をはじめ他地区でも、従来からある五輪塔の各部を単に一石にしたものや地輪部分を長い方柱形にしたいわゆる一石彫成型の長足五輪塔も見られ、したがって室町時代後期には宝篋印塔、五輪塔ともに形式の簡略化が発展し、需要の拡大に対応していたことが頷ける。

ところで、小規模化した一石彫成型はわが国の石造塔婆史上に大量生産という金字塔をもたらしたが、この新型の出現は単に形式面だけでなく内容表現においても大きな変革を招来している。すなわち、従来の宝篋印塔は塔身四面に金剛界四方仏種子を円相内に刻し、銘はその正面梵字種子の左右両側に小さく細字で記す方法がとられ、したがって基礎の方は格狭間を線刻するだけであったが、塔身と基礎を一石で彫成する新型になると、塔身面の法名や紀年銘などが基礎に移り、塔身はこれまでと同様金剛界四方仏種子や円相を刻すことになるが、中には無刻のままであったり、四方仏種子さえも基礎の格狭間に刻んだ事例が出現する。前掲表Ⅱ―2でいえば岩屋寺にある元亀四年銘二基と同じく天正三年銘がそれで、三基とも基礎正面に梵字種子のウーンを刻し、その左右両側に被供養者と紀年を記すなど、これまでに見慣れてきた遺品とは随分趣を異にしている。

宝篋印塔は基礎、塔身、笠、相輪の各部がセットになってはじめて石塔として意味を有する。ところが墓塔への転用によって塔形全体の小規模化とこれに伴う形式面での衰微・簡略化を招来し、室町末期にはこうした退化現象に加えて遂には塔身と基礎を一石で彫成する新型を発生させ、この基礎面に被供養者の法名や紀年、さらには金剛界四方仏種子まで刻すという形式および内容上の一大変革期を迎えるのである。ただ、こうした変化はひとり宝篋印塔に限らず五輪塔や板碑にも認められることは本稿でもすでに述べたごとくで、日本の各石塔は墓塔への転用によってそれまでには経験し得なかった大きな変質を余儀なくされたものといえよう。徳山地方の宝篋印塔や五輪塔に限っていえば、室町時代に入ってからも墓塔として微かに命脈を保ってきたものが、一石彫成型の出現と流布によってその役割をさらに増幅させ、量産化の時代を迎えるのである。

(3)　墓塔の造立者

室町時代後期の小五輪塔や小宝篋印塔が飛躍的に増大することはすでに述べたが、これらはどのような目的で造立され、しかもそれが前代以来の墓塔に繋がるとしたら被供養者や造立者は誰であるか、などの内容面の検討が必要となってくる。そこでこの時代に造立された遺品を取り上げ、その内容表現に注意しながら考察を進めると、五輪塔の場合はまず菊川地区岩屋寺にある永正八年（一五一一）銘が目を惹く。この遺品は既述のごとく一石造りの長足五輪塔で、その長足の地輪部分に「勢遍／逆修善恨《ママ》／永正八年辛未二月七日」と刻んでいる。勢遍は岩屋寺の古記録に記された歴代住職中には見えないが、法名からしてこの寺に関係した僧侶であり、右の五輪塔は彼の逆修供養のために造立されたものと見て間違いない。それは同時に彼の名前を記した永正十三年（一五一六）銘の一重塔があり、これには基礎面に「勢遍尊霊位／永正十三年丙子二月八日」と刻んでいるから、勢遍は右の五輪塔造立後に死亡したため今度は一重塔を墓塔として造ったのである。造立者は無論岩屋寺の住僧であろう。

岩屋寺には右の永正八年銘のほかに同十八年（一五二一）・大永四年（一五二四）銘の五輪塔二基も存するが、これらは地輪に各々「道心」「阿闍梨聖椿」などと記しており、右の場合と同様、これらも同寺に関係した僧侶の逆修塔や墓塔として造立されたものといえよう。また、菊川地区では天正年間になると七基の有銘五輪塔が記録されているが（前掲表Ⅱ―1参照）、そのうち六基は小畑の小庄下共同墓地に六地蔵として造立したもので、長足となった地輪には正面に地蔵立像を蓮座上に半肉彫りしている。六地蔵の造立も故人の追善と関わりを有するから、右の五輪塔をこの時代に隆盛した墓塔の範疇に含めてもよいが、造立の直接の動機は六地蔵信仰にあり、かかる信仰の産物としても五輪塔が造立されていることに注意を怠ってはならない。

次に、造立の最も盛んな宝篋印塔に目を向けると、前代以来の基礎と塔身の別石造りでは菊川地区海印寺にある享禄二年（一五二九）銘が注目される。これは塔身正面に金剛界四方仏種子のタラークを挟んで、「春翁透初／享禄二(年欠)六月十二回」と刻んでいる。刻銘の春翁透初は陶興昌の法名「信衣院春翁透初大禅定門」（陶氏系図(13)）と一致するから、この宝篋印塔は興昌の墓塔として造立されたことが知れる。「陶氏系図」によると興昌は陶氏八代興房の長男で、享禄二年四月二十三日に当時二十五歳（一説には二十三歳）で死去したために急遽弟の隆房（のちの晴賢）が陶氏嫡家を継ぐことになるのである。系図にある興昌が死亡した日から数えて七七日《なななぬか》の中陰に造立したと考えれば疑問は解消する。また、長穂地区龍文寺に存する天文二十四年（一五五五）銘は右の海印寺塔より遅れること二十六年、いよいよ室町時代末期の造立であるが、これには塔身正面に円相内のウーンを挟んで「歓室永喜大姉／天文廿四年七月十八(日欠)」と刻んでいる(14)。龍文寺は前述のごとく陶氏菩提所として五代盛政が永享元年（一四二九）に建立した古刹であり、同寺墓地に林立する石塔類は陶氏一族あるいはその係累のものと考えねばならないが、右の刻銘にある法名も「陶氏系図」中の人物で、陶興房の妻右田氏その人であり、実は前述の興昌の生母であることが知れる。同系図によると、彼女は刻銘と同じ日の天文二十四年七月十八日に死亡しているから、龍文寺に現存する宝篋印塔はこの死亡日を刻んだものと解され、したがって最初から墓塔として造立されたことも頷けるのである。

海印寺と龍文寺にある陶氏関係の墓塔を二例紹介したが、龍文寺および岩屋寺などの古刹では小宝篋印塔が住僧の墓塔としても多く造立されている。龍文寺では歴代住職のために造立された無銘塔が同寺東側の林中に場所を占め、ちょうどこれとは反対側の西側一隅に現存する五〇余基の小宝篋印塔中には、「聖延侍者」「正祖蔵主」「春賀侍者」「良澄侍者」などと記したものが存する。また、岩屋寺の方は「権大僧都宥雅」「為権大僧都良攸」「法印尊悟」などと刻し、これらの中には明らかに岩屋寺の住職であったりする人物も含まれるから、この当時の小宝篋印塔や小五輪塔はことに真言宗の僧侶の墓塔として好んで造立されていることにも注意しなければならない。したがって、遺品の出土地を追跡するとまず古刹やその旧跡などが浮上してくるが、その中には例えば中央部地区興元寺の天正十四年（一五八六）銘のように「照屋宗明禅定門」と記したり、須金地区観音寺の同十九年（一五九一）銘のごとく「奉為道為禅定門」と刻んだものが存する。俗名を特定し得ないので確かなことはいえないが、法名からして僧侶以外の人物であり、在地勢力として地域に密着した人たちであることは疑い得ない。その例証として右の興元寺にある無紀年銘の宝篋印塔を掲げると、これには基礎正面の格狭間内に「興仲」とあって、野上（旧徳山）地方の領主であった杉元相の法名「興元寺殿興仲元家大居士」の一部が記されている。元相は興元寺の開基で天正十三年（一五八五）正月二十六日に六十四歳で没しており(15)、右の宝篋印塔はちょうど時代的にも一致しているから、これは間違いなく彼の墓塔であり、これによって彼等在地の土豪層が宝篋印塔を墓塔として造立する確証も得られるのである。そして、これが次の文禄・慶長年間（一五九二〜一六一四）に入ると、「花心童子」（向道地区興禅寺跡慶長二年銘）や寺院以外の地域からも「松岩良永」（同地区瀬戸兼墓地慶長四年銘）、「花岳妙葵」（同上）などの法名を刻んだ小宝篋印塔が見られるようになる。時間の経過とともに造立の分布圏が拡大し、それに従って造立者の階層にも次第に広がりが現れるのはけだし当然といわねばならない。

(三)　墓塔の普及と意味

(1)　地理的分布の様相

室町時代後期に造立数を増加してくる小宝篋印塔や小五輪塔の内容を検討した上で、再び前掲の表Ⅱ―1に戻り、これら石塔類の地理的分布を顧みながら、その意味や歴史的背景について考えてみたい。まず表Ⅱ―1によって地理的分布の様子を一瞥すると、徳山市内一四地区の中で、室町時代前期に小宝篋印塔や小五輪塔が造立されているのは夜市、菊川、向道、長穂の四地区であり、この分布域は室町後期の文亀・永正年間（一五〇一～二〇）に夜市と須々万が入れ替わるだけで、基本的には元亀年間（一五七〇～七三）まで継続している。言葉を換えて言えば、室町時代の有銘小宝篋印塔や小五輪塔は夜市、菊川、向道、長穂、須々万の五地区にしか出現しておらず、天正年間に入ってようやく分布圏が拡大し、右の地域以外の須金、中央部地区にも姿を見せるようになる。そうした中でも菊川と長穂の両地区は別格で、文明年間（一四六九～八六）以降天正頃まで遺品が間断なく継続して認められるところが大きな特徴である。

ただし、右の事例は紀年銘を有するものだけであって、既述のごとく無銘遺品もこれのおよそ数倍は現存しているから、地域的分布に言及する際は当然これらをも考慮すべきであろう。無紀年銘のため有銘品のように造立年次を確定することはできないが、造立時期を室町中期頃から江戸時代初期までおよそ百年間に幅を広げると、無銘のものでも資料的価値が生じてくる。そこでまず地域的分布の検討に入る前に、これら無銘遺品の地区ごとの所在地を掲げることにするが、宝篋印塔・五輪塔ともに各部は分散しており、現存の正確な基数は把握し難い。調査箇所によっては無銘品でも現存の基数を記録できても全体的には統一性を欠くので、ここでは所在地だけに留め、基数は思い切って省略することにした(16)。

無銘小五輪塔・小宝篋印塔の分布

湯野地区――古屋共同墓地・大明間・吉原・中村・大領寺

戸田地区——丸山共同墓地・瑞龍寺・菅原薬師堂・下四郎谷・西津木
夜市地区——貝籠・丸山墓地・片山個人墓地・宮ノ尾個人墓地・普春寺・光明寺個人墓地
菊川地区——小庄下共同墓地・松本旧墓地・広谷共同墓地・花河原旧墓地・宗寿院跡・下井谷個人墓地・四熊下山・中野・中野せり原・海印寺・横矢地蔵堂・安岡様・下上上野・岩屋寺・丸山墓地・内谷個人墓地・保安寺・保安寺旧跡・上村東南野陰地・満願寺跡・川曲個人墓地
向道地区——龍豊寺・興禅寺跡・畑個人墓地・瀬戸兼共同墓地・西方寺・門前旧墓地・大向下山・横瀬旧墓地
長穂地区——龍文寺・長穂市・下莇沢
須々万地区——宝殊寺・東和奈古・下角・唐櫃
中須地区——中須北一の谷
須金地区——蓮華寺・観音寺・後谷・下葭谷・兼田・小田原・三光寺・大谷
久米地区——老郷地地区個人墓地
櫛浜地区——雲根園・経塚墓地
鼓南地区——大原・大楠
大津島地区——（無）
中央部地区——清水町・興元寺・福田寺・大迫田市営墓地・同本正寺墓地

徳山市内一四地区中、存在が確認されないのは大津島地区だけで、これを除く他の一三地区ではすべて小五輪塔、小宝篋印塔の遺存が認められ、その数は前述のように有銘品の数倍、実数で言うと三五〇基程度は存するものと推定される。ただ、実際に現地へ踏み込んだ印象では無銘とはいえその大部分は天正年間以降の造立と思われるから、それ以前の遺品となると当然少数とはなるが、しかしその遺存数や分布圏の広範さからして前掲の表Ⅱ—1を時間的にも空間的にも越えることが予想される。つまり室町時代、特にその後期から江戸時代前期頃にかけて造立された小塔類は、我々の予想をはるかに越える勢いで分布圏を拡大しており、これらの事実をまず確認した上で、次は各地域の発見箇所や採録件数などによる分布の内容および濃淡に注意を払わねばならない。かかる視点から再び地域的分布の様相について言及すると、市内一四地区の中でも菊川地区が俄然他を圧しており、これに向道・須金・夜市などの順で続いている。ところがこの順序は前述の有銘品を対象に作成した表Ⅱ—1の結果とはほぼ一致しており、重複しないのは長穂地区だけである。長穂地区の場合は古刹龍文寺の一か所に石塔類が集中しているため発見基数の割には地域的分布の幅が狭いのである。

したがってこうした特殊な事情を考慮すれば、たとえ発見基数の上で多数を占める無銘品を吟味に加えたとしても、前述の表Ⅱ—1によって得られた結論は揺るがないのである。そのことを復唱すると、室町時代に在地の土着勢力や僧侶の墓塔として造立された小五輪塔や小宝篋印塔は、徳山市の場合まず夜市・菊川・長穂・向道地区に初見し、これが天文年間頃から急に造立数を増やすと同時に地理的な分布圏も拡大し、天正年間には山陽道沿いの中央部地区だけでなく市内奥地の山間部に位置する須金地区にまでその波動が及ぶようになること。さらに右の地理的区分の中でも菊川・長穂の両地区は文明年間（一四六九〜八七）に初見して以来各年次にわたって継続した造立がなされ、全体の造立数だけでなく年次的・地理的分布の面でも他を圧倒していることが指摘されるのである。

(2) 分布の歴史的背景

表Ⅱ―1に示した菊川地区の二六基に長穂一八基、向道八基を加えると合計で五二基となり、天正年間以前における有銘品全体の実に八八パーセントがこれら三地域に集中している。小五輪塔や小宝篋印塔が在地勢力やその係累、有力寺院の僧侶などの墓塔として造立されている事実を踏まえて右の数値に思慮をめぐらすと、菊川をはじめ三地区は徳山市内でも歴史的に古く、かつ様々の因縁や由緒のある地域ということができる。それもそのはず、菊川・長穂地区は旧富田保の領域であり、大内氏重臣の陶氏が永く本拠としたところである。陶氏が富田保に入部したのは南北朝時代の正平六年（一三五一）頃と推定され[17]、陶氏は二代弘政から九代晴賢までおよそ二百年間もこの地に君臨している[18]。富田保の領域は旧富田町（新南陽市）から旧加見村および富岡村（ともに徳山市菊川地区）、それに長穂村（同長穂地区）に及ぶ地域で[19]、陶氏はその中心地旧富岡村の下上字武井に居館を構えて領内の支配を貫徹し、大内氏家臣団においては代々周防国守護代を世襲するなど筆頭的立場にあったために、その勢力は本拠地の富田保周辺はもちろん、佐波郡得地や熊毛郡小周防にまで及んでいる。また五代盛政が永享元年（一四二九）に自家の香花所として長穂に龍文寺を創建して以来、陶氏による寺院の開祖が相次ぎ徳山市内だけでも菊川地区保安寺（六代弘房室仁保氏開基）、向道地区龍豊寺（七代弘護室益田氏開基）などは有名である。

したがって龍文寺や龍豊寺に陶氏および一族の墓塔が存するのは当然で、これらが両地域の出土件数を引き上げる要因となっていることはいうまでもない。さらに、富田保周辺には野上庄（徳山市中央部地区）の野上氏をはじめ都濃郷の須々万（同須々万地区）、中須（同中須地区）付近には山崎氏や勝屋氏、奥地の須金（同須金地区）には鶴岡、有吉、藤井などの旧族が蟠踞《ばんきょ》している[20]。右の陶氏の例証をもってすれば、各地域から出土している有銘無銘の小塔類は彼らと何らかの関係を有するものと考えられるが、個別的には未だ両者の関係を立証するに至っていないのが実情である。

最後に、徳山市中心地の中央部地区について触れてみたい。同地区の大半は旧野上庄域に相当し、領主は大内氏家臣の野上氏である。野上氏は陶氏が周防国守護代にあるときはその下で小守護代を務め、厳島合戦直後の弘治三年（一五五七）には陶氏とともに滅亡するなど、その足跡は文献の上で確認されているが(21)、この野上氏関係の石造遺品が領内ばかりかその周辺からも未発見である。因みに中央部地区では天正年間の有銘宝篋印塔が興元寺に二基存するだけで、無銘品でも室町時代までさかのぼり得るのは清水町の長足五輪塔と下一の井手の笠塔婆が各一基ずつ録される程度である。野上氏の野上庄領有は陶氏の富田保入部と同時期と考えられるから、その期間はおよそ二百年間にも及ぶが、今回の社寺文化調査ではその存在を立証する石片さえ発見されておらず、この点は陶氏の場合と著しい対照をなしている。その原因として考えられることは、野上氏滅亡後野上庄には杉氏が新領主として入部し、杉元相、元宣二代による治世を経て江戸時代には徳山毛利藩の開設をみるという、野上庄における二度の政治的転換とそれに伴う治世の展開が指摘される。

弘治三年、野上忠房は陶氏に殉じて切腹しこれによって同家も滅亡したが、杉元相は敵方の毛利元就に内応して自家の社稷《しゃしょく》を守り、旧領の佐波郡大崎・植松に加えて都濃郡野上庄をも領有することになったのである。杉氏は野上庄へ入部すると間もなく居館を金剛山南麓に構え、天正二年（一五七四）には一の井手に興元寺を建立し菩提所としたが、子の元宣は同十七年（一五八九）に突然非業の死を遂げたために治世わずか三十二年で杉氏の時代は終了した(22)。しかし、この後江戸時代の元和三年（一六一七）に創設された徳山毛利藩の場合は明治維新までの二百五十年余も続く長期政権であって、慶安三年（一六五九）にはそれまでの野上を徳山と改称し、ただちに本格的な城下町の建設に取りかかっているから、中世以来の石塔類も当然破壊・湮滅《いんめつ》等の被害を受けたであろうことは想像に難くない。さらにこの点を敷衍《ふえん》すれば、藩制時代の城下町は明治以降も近代都市徳山の中心地として引き継がれ、度々の都市計画や開発工事等の洗礼を受けていることも古文化遺品の消滅を招いた要因であろう。

　徳山市内でも中央部地区の場合はその後の特殊な歴史的展開のために文化財保存の面でも他とは異なった結果を招来していると総括できるが、それでは中央部地区以外の都市化が緩慢な地域では古遺品がそのまま保存されているかといえば実情は必ずしもそうとばかりは答えられない。その一例を掲げると、長穂地区龍文寺の文献に記された陶氏歴代の墓塔がこの度の調査ではその主要部分が発見できないという不可解さも存する。即ち享保十年（一七二五）頃に編纂された『寺社証文』によると、龍文寺の項には陶盛政と同室、弘房と同室、弘護と同室、興房と同室、晴賢、興昌、長房など陶氏関係一四名の法名と没年月日を記し、「位牌石塔有之」と人名の右肩に注記している(23)。また江戸時代後期の天保十二年（一八四二）頃に地元庄屋が萩藩に録進した『防長風土注進案』にも、

　一古墓之事、五輪塔九拾六墳、龍文寺本堂後西之方、陶五郎同末葉并家臣之墓、尤文字等不分明性名（ママ）不詳候

とあり(24)、龍文寺には右に見える陶氏関係の墓塔が、少なくとも江戸時代後期頃までは実際に存したものと考えねばならない。しかし昭和五十四年に始まるこの度の社寺文化調査では、五輪塔・宝篋印塔などが無銘のものを含めても六〇基程度しか発見されておらず、江戸時代の記録より三〇基以上も不足している。中でも陶盛政以下の陶氏嫡流に連なる人物の墓塔が行方不明で、同地に現存するのは八代興房室の「歓室永喜大姉」銘一基だけという意外な結果である。龍文寺は周知のように徳山市中心地から遠く離れた長穂地区の山中にあり、少なくともその寺域内は徳山市街地のように都市化の影響を受けた形跡は認められない。寺側の説明では本堂より北東に二〇〇メートルばかり離れた現在はゴルフ場の一隅となっている箇所に古墓地が旧在し、ここからも石塔を移転したようであるが、

仮に右の古墓地に盛政以下の墓塔が存していたとしても移転の際これらを見落とすはずはなく、結局は龍文寺旧在の陶氏墓塔の主なものは他の事情で意図的に湮滅《いんめつ》されたと考えざるを得ないのである。天文二十年（一五五一）の陶晴賢の謀反による主君大内義隆の自殺、その四年後の厳島合戦における晴賢の惨敗と毛利氏の防長支配などを顧みれば、後世の陶氏に対する評価が相当厳しいことはいうまでもない。前述の陶氏墓塔の湮滅もかかる後世の歴史意識と関連があるとすればそれなりに首肯されるが、その時期を特定し、さらに前後の歴史的事情などを詮索することは本稿の主旨を逸脱することになるであろう。他の機会に防長の歴史教育の問題として論じることにしたい。

むすびに

室町時代中期頃から江戸時代初期にかけて造立された小五輪塔や小宝篋印塔は、形式的には見るべきものはないがともかく造立数が圧倒的に多く、したがって日本の各地に普遍して存在するところに大きな特色が認められる。しかし一方ではその多くが無銘であるため、造立目的や造立者、被供養者などを特定できないという欠点を有することも事実で、歴史考古学の史料としてはいまひとつ日の目を見ない存在であったといえよう。ところが、この度の徳山市社寺文化調査のように長期間歳月をかけて現地悉皆《しっかい》調査を実施すると、単に採録件数が多いというだけでなく、その中の有銘数だけを選んでも相当数に上るから、これらの形式や表現内容を詳細に検討することによって造立の意味を理解し、その成果を無銘品に対しても波及することが可能となるのである。具体的にいえば、室町時代に造立された小宝篋印塔にも、基礎と塔身が別々になった別石造りと双方が一石で造られた一石彫成型の二種類が存する。従来からあるのは前者でこれに途中から加わったのが後者の新型であり、その時期は室町時代の永正・

天文年間（一五〇四～五五）頃と推定され、以後この新型による遺品が数を増大し小宝篋印塔の主流を占めるようになるのである。また、こうした形式上の簡略化に伴い内容表現もその主体が塔身から基礎に移り、故人の法名や紀年はもちろんのこと、本来は塔身に顕刻されるべき金剛界四方仏種子まで基礎面に見られるようになるのである。以上は有銘品の分析から得られた形式・内容面の変遷と特徴であるが、これらの知識は当然ながら無銘品に対しても造立年代などを推定する基準として活用されるべきであり、有銘品の恐らく七、八倍は現存すると思われる無銘品も、かかる学問的な分析と手順によって初めて息を吹き返すことになるのである。

もちろん、本稿は山口県徳山市という限られた地域を対象としているため、ここで得られた結論が全国どこでも普遍して妥当とするというのではない。歴史や民俗現象は地方や地域によって展開に遅速の差が見られるから当然それを考慮せねばならないが、管見《かんけん》のため未だ同様の実証的研究に接していないこともあって、他地方との比較の上に論考を展開するには至っていない。今後は他地域での研究成果に注意を払いながら、特にその内容面の被供養者や造立者に矚目《しょくもく》すると同時に、これらの小塔類が遂にその役割を終え歴史の舞台から消え去っていく時期についても多大の関心を抱いている。なぜなら、金剛界四方仏種子や故人の法名、紀年銘などが五輪塔や宝篋印塔の基礎部分に集中してくることは、室町時代に入ってからも墓塔として命脈を保っていた小塔類がいよいよその任務を終え、これに代わる新たなものの出現を予想せしめるからである。つまり、故人の埋葬地上に建立する施設としてこれまでのように五輪塔や宝篋印塔を必ずしも必要としない事態が到来しつつあるということである。故人の墳墓上に立てる標識が入用であれば、あえて五輪塔や宝篋印塔を造立することもないのである。室町時代後期に出現した一石彫成型の五輪塔や宝篋印塔は、たとえそれが墓塔の需要による量産化を招いた当然の帰結とはいえ、自らがその歴史的役割を次の墓石類(25)に譲るべく命運のもとに登場しているのである。

【注】

（1）拙稿「徳山市貝籠五輪塔の紀年銘」（『徳山大学論叢』第二十七号、昭和六十二年）。のち、拙著『石造文化――歴史学への誘い』（大学教育出版、平成十二年六月）所収。

（2）後掲の表Ⅱ―1を参照のこと。

（3）『徳山市の寺社文化財』資料編（徳山市教育委員会、平成三年三月）による。

（4）各計測値は右書所収の調査録による。以下も同じ。

（5）各遺品の銘文も計測値と同様注（3）による。以下も同じ。

（6）三坂圭治監修『近世防長諸家系図綜覧』（防長新聞社、昭和四十一年）九九頁。

（7）拙稿「陶氏供養塔の発見」（『徳山大学論叢』第二十九号、昭和六十三年）。

（8）前述の徳山市夜市貝籠から発見された弘安四年銘には、地輪と水輪の双方に上部円孔が設営され、同所の地下からこれに見合う素焼きの骨壷も一個出土している。

（9）例えば埼玉県江南町須賀広の江南小学校にある寛喜二年（一二三〇）銘の弥陀三尊像容板碑には、往生本縁経の偈とともに「為悲母奉造立」の銘文を刻んでいる。拙著『中世の板碑文化』（東京美術、平成元年）七一頁。

（10）前掲注（3）の資料編によって作成。

（11）同右。

（12）因みに基礎と塔身を合わせた総高は龍文寺塔が三〇センチ、丸山墓地塔は三一センチである。

（13）前掲『近世防長諸家系図綜覧』付録の「新撰大内氏系図」による。

（14）「陶氏系図」では「観室永喜大姉」となっている。

（15）徳山市史編纂委員会編『徳山市史』上巻（徳山市、昭和五十九年）二五三頁。

（16）所在地名は前掲『徳山市の寺社文化財』資料編にあるものをそのまま用いることにしたが、個人所有の墓地名については家名に代えて地名を冠することにした。

(17) 大内弘世の鷲頭庄への進攻が始まるのが正平七年二月であるから、陶弘政の富田保入部はこの直前と考えられる。
(18) 陶氏の代数計算には問題があるが、ここでは便宜のため従来からの数え方をそのまま踏襲した。
(19) 御薗生翁甫著『防長地名淵鑑』(防長倶楽部、昭和六年)二七七頁。
(20) 近藤清石著『大内氏実録』(マツノ書店、昭和四十九年)三一八頁。
(21) 前掲『徳山市史』上巻、二四〇頁。
(22) 同右、二五四頁。
(23) 山口県文書館編『萩藩閥閲録』(山口県文書館、昭和四十二年)第四巻、三九六頁。
(24) 山口県文書館編『防長風土注進案』(山口県立山口図書館、昭和三十九年)第八巻、一八三頁。
(25) 徳山市内におけるその初見は久米地区老郷地の高善寺跡に旧在した寛永十四年(一六三七)銘の自然石型墓石である。

Ⅲ　板碑・角柱塔

一　初発期の板石塔婆　――山口県東和町浄西寺の板石塔婆――

はじめに

源平合戦のおり、山陽道を西走する平氏方の最後の砦となった周防国大島の地に、この戦の直後に建立された建仁二年（一二〇二）の紀年銘をもつ板石塔婆(1)が存在する。

周防国大島、すなわち現在の山口県大島郡は島と瀬戸と灘を織りなす瀬戸内海の西方に位置し、同県室津半島にあたかも口を吸いつけている金魚のような形をしている。

この島の歴史における顕現は、弥生時代中期の村落遺跡である飯山遺跡群の存在、また成務《せいむ》天皇の御代に武蔵国造の同祖、兄多毛比命《えたもひのみこと》の子、穴倭古命《あなわこのみこと》を大島国造に任命したことが見え、大化改新を前にして周防・長門の各地域はすべて大和朝廷の支配下に帰属している(2)。早くより中央政府の政治権力が浸透し、万葉の和歌にも登場するのは、瀬戸内海が都と四国・九州を結ぶ海の大路であり、周防・長門両国はその西の門戸として要衝の地に位置しているからである。

ところで、周防国大島の東端は平安時代中期に開発された大島三箇荘の一つの島末荘のあったところであり、源平合戦の際には平知盛がこの地に城を築いたことで一般にはよく知られているが、同地油宇の浄西寺境内に存立する板石塔婆についてはこれを知る人は少ない。

建仁二年の紀年銘をもつこの塔婆は、もちろん山口県下の現存石造遺物中有銘最古のものであり、全国的に見ても鎌倉時代中期頃に隆盛を迎える諸種の石造塔婆類の先行形態の一つとして当然考察の対象とされるべきものと考えられるが、筆者の管見《かんけん》した限りでは右の意図を具現した先学の業績は未だ現れず、今日尚も草莽の遺物として看過していることは誠に遺憾なことである。この塔婆が今日まで広く識者の目に触れなかった理由を筆者は次のように推測する。

その第一は江戸時代、明和~安永年間に藩士小笠原長鑑・林以成等によって編纂された『防長古器考』(写本一六一冊、山口県立図書館所蔵)や、その後天保年間に編された『防長風土注進案』(写本三九五冊、昭和三十六年刊)にこの浄西寺板石塔婆が記録されなかったことにある。

前書は題名の示すごとく藩内諸家および神社・寺院に伝わる珍器・宝物を収集した、山口県における考古学上の最古の貴重な記録であるが、その中心は古器にあり一般の金石文の領域まではこれを包含していない。また後書は現地の実態調査に基づいて編された一大風土誌的な著書であるが、記録内容は各宰判《さいばん》によって精粗深浅の差があり、原本の表題、成稿の時期等宰判によってまちまちであることはこの書の序文にも記している。

したがって、場所によっては金石文にまで筆が及んだところもあるが、この塔婆が現存する大島郡油宇村においては当時この塔婆が未発掘のために記録されなかったか(3)、あるいは編纂の際に遺漏したと考えるよりほかはない。そのことは明治末年に至り『金石文誌』を編纂された近藤清石が、凡例の中で「然れども各郡村里に就きて捜索せしにあらねば遺漏多かるべし」と告白せられたところで、氏の『金石文誌』は『山口県風土誌』の一部として編纂され、周防長門両国の金石文に関する最初の全体的な報告であるが、これの基礎資料になったのは前述の『防長風土注進案』であり、梵鐘・金鼓・記念碑等はよく蒐集されているものの、石造塔婆類に至っては遺漏や錯誤が多いのである。

大正期に至り県内各地の遺物発掘と蒐集記録の作業が活発となったが、この分野で活躍したのは弘津史文である。氏は前記『金石文誌』を増補訂正するために長年にわたって実地調査を行い、大正十三年には「考古学雑誌」(4)に「山口県金石年表」を、さらに同十四年には『防長探古録』を公刊された。この書には先行書に未収録の金石文や古器銘文等も包含され、各種銘文類総計約一六〇例が提示してあるが、しかし、その特色は前記『金石文誌』の誤脱を踏査によって訂正することにあり、この書においても浄西寺板石塔婆は紹介されていないのである。

以上概述したごとく、周防長門両国の金石文史料は江戸時代後期の『防長古器考』に始まって大正末年の『防長探古録』に至るまで、数度その所在と銘文が収録報告されたが、そのいずれにも浄西寺板石塔婆は収載されることなく、したがって、このことが原因して早くからこの塔婆に広く識者の目を向けさせる機会を失わせたものと推理する。特に『防長風土注進案』に遺漏したことは、この書が今日も尚地方史研究の基礎資料となっているだけに、その影響は大きいと言わねばならない。

しかし、如上の編纂物に収録されなかったとはいえ、今日までこの塔婆が学問的に追求されなかったことの理由にはならない。なぜなら前掲の『防長採古録』が公刊された大正末年には『防長考古学会報』の創刊号が出版され、この中に御薗生翁甫が「三尊碑」と題してこの浄西寺板石塔婆を初めて公に紹介しているからである。氏の記述はこの塔婆の所在及び各寸法・銘文のみを紹介した簡略なものだが、このことによって以後は、小川五郎「防長金石文の研究」(5)、御薗生翁甫著『防長地名淵鑑』(昭和六年)等に採録され、さらに最近では内田伸氏(6)によってもこの塔婆の存在が広く知らしめられている。

浄西寺板石塔婆は如上《にょじょう》の諸先学の功績によって学界に紹介され、今日では山口県石造遺物の最古の紀年銘をもつものとして金石文目録には不可欠の貴重な史料となったが、ただ先学の報告と調査には相違があり、しかもこの塔婆の単なる紹介に留まらずして、これのもつ石造遺物としての形態的特色や意義について学問的に追求したものが見当たらないことである。

例えば名称の問題にしても、かつてのごとき「三尊碑」「古碑」等の通称は、その形態的吟味をした上で当然改められねばならない。しかし、これを何らの概念規定もなしに「板碑」と呼ぶことは、浄西寺板石塔婆が今日板碑の最古とされる埼玉県須賀広の嘉禄三年(一二二七)銘よりも年代的に二十五年も先行するため、多くの先学に奇異の念を抱かせ、現在発見の遺物例からしても非難の謗を免れ得ないであろう。

限定は否定に通ずるが、しかしこの浄西寺板石塔婆は鎌倉時代初期の建仁二年銘を有する極めて貴重な石造遺物であり、板碑(青石塔婆形式をもつ板石塔婆のこと)との関連は別としてもそれ自身の意義は探究されるべきである。筆者はもとより管見浅学であるが、実査によってこの塔婆を斯界《しかい》に報告するとともに、これを同時代の石造遺物と比較検討することによりその特色を明らかにしてみたいと考える。

(一)　浄西寺板石塔婆の概要

浄西寺板石塔婆の発見時の記録は今日何も残されていないが、同寺住職の話や前述御薗生の報告によると、この塔婆はもと浄西寺より四、五〇〇メートル離れた油宇の海岸にあったもので、同寺境内に移したのは大正末年を余り遡らない時期であることが知れる。また、以前は三基存在したために地元では「三尊石」と称したが、移建当時は既に一基を失い残り二基を現在の位置に移したとも言われる。御薗生の報告はこの塔婆の移建と同じ頃になされたものであるから、右のことは事実として容認せられる。

現存する二基について記述すると、木造の保護屋の中で両基とも地中に下部を埋め、向かって右側は上部が欠失しているが、高さは地表から一七六センチ、幅は下幅四一センチ、上幅三四センチ、厚さは二二センチある。左側は高さ一七二センチ、幅三五センチ、厚さ二三センチで、右側よりやや小さいが完全なまま残っている。石質は二基とも安山岩製で、塔身の四面は多少扁平に削っており、頂部は稜線が失われ平らに近い状態をしている。

銘は正面にのみあり、次の文字を刻んでいる。

建仁二□才次壬戌　□宅正國

(右)（上部欠失）　阿弥陀仏　造立願人

十一月下旬　女施主清原氏

(左)　梵字　南无観世音ササ

右側の塔婆はちょうど「阿」字の箇所で欠けているが、頂部の欠失部には当然「南无」の二字があったと考えられ、したがって原型は高さ二四〇センチ位はあったものと推測される。

梵字種子や銘文は平底彫りで、書体も古調であるが、右基の「建仁二」の下の一字と名前の最初の一字は判読し難い(7)。

現在は阿弥陀塔を向かって右側に、観音塔を左側に配しているが、紀年銘は右側の一基のみにあり、もとは弥陀三尊の供養塔婆として阿弥陀塔を中心に、向かって右側に観音塔を左側に勢至塔を建立したものであろう。「三尊石」のうち失われた一基には当然「南无勢至ササ」と刻されていたと考えられる(8)。

次に種子であるが、観音塔の上部に刻された梵字はビに荘厳点を付したもので、仏説に言う四天王中の増長天と

写真Ⅲ―1　建仁2年浄西寺板石塔婆
（山口県大島郡東和町油宇、浄西寺）

解釈する。然らば欠失した阿弥陀塔にはキリークが、失われた勢至塔には多聞天のバイが各々上部に刻されていたと考えられるが、弥陀三尊の名号とビ、バイの梵字種子との組み合わせは類例が少ないようである。

例えば、岡山県の嘉元四年（一三〇六）保月石幢《せきどう》は方形の泥板の上に六角柱状の幢身を立てた、笠上端までの高さが二〇〇センチ程のものであるが、この幢身六面には一二の仏菩薩像と種子が刻されている(9)。この第二面と第三面の上部には二重輪光式の彫り凸めを作りその中に各々観音像と勢至像を薄肉彫りしてあるが、その下に脇侍として現された種子は観音像の方がキリークとビであり、勢至像の方はバンとバイである。

浄西寺塔婆と保月石幢は一方が名号であるのに対し、他方は尊像である点だけが異なるのみで、四天王の種子を配する仕方は同じである。弥陀三尊の尊像あるいは名号を刻した上にさらにこれの護持者として四天王を配する仕方は、単に梵字種子一字を刻したものよりも丁重なつくりであって、磨崖仏などには仏、菩薩、明王、天王等の各体を一緒に並べた盛観なものさえ見られる(10)。

以上、建仁二年浄西寺塔婆の形態及び銘文について述べたが、この塔婆の最大の特徴は、弥陀三尊の各々を別石でしつらえた三連塔婆であること、さらにこれらは一石からなる正面横幅が厚さよりも一二〜一九センチ程広い厚手ではあるが板石状の塔婆である点に存する。前者の三連塔婆についてはちょうど同時代の遺物として福岡県筒野に五智如来三連塔婆があるので、これとの関連から後述するが、問題は後者の板石塔婆ということにある。

板碑出現以前の板石塔婆と言えばすぐに想起されるのは、福岡県鎮国寺の元永二年（一一一九）塔や同県筒野の養和二年（一一八二）塔、それに徳島県椿地の寿永四年（一一八五）塔等であろう。

周知のように元永塔や寿永塔は頭部圭角、横二条の沈線を持ついわゆる青石塔婆式のものではないが、正面横幅に比して厚さが極めて小さい薄手の板状化したものであり(11)、養和塔の方は三基中の中心塔は高さ一五八センチ、横幅七一センチ、厚さ二一センチで[12]、浄西寺建仁塔と厚さは同一であるが、塔身の横幅が三〇センチも広いため板状化の様子がよく分かる。しかし、これら以外にも板石塔婆と称されるべきものは存在するのである。

右の元永塔以下が板石塔婆と称されるのは、これらが関東や四国東部に存在する青石塔婆形式のものと用石の板状化の点で類似性をもつからであるが、右の地域外ではその地方に産出する主に火山岩系の石を用材としており、これらは青石塔婆形式の緑色片岩とは硬度・可塑性等の点で差があるため当然ではあるが、板状化の場合その様相は異なってくる。例えば、緑色片岩は硬度が二・五あるが、浄西寺塔の安山岩はその二倍以上の六・〇であり[13]、これを用石とする地方の板石塔婆が青石塔婆形式のものより同じ板状化する場合でも相応の厚さを必要とすることは言うまでもない。したがって、板状化の議論はこれら形態上の根底に存在する石質の問題がまず考慮されるべきで、これを無視した板石塔婆の分類は結果として甚だ曖昧で恣意性をもったものとなる。

板石塔婆の名称は、笠塔婆や角宝塔のような塔身の各四面がほぼ等しい方柱状のものと比較して使用されるべきで、緑色片岩製の青石塔婆形式は石質の特殊性から成立したこれの最も平面化した形態であると考えるが、しかしこの問題は如上の石質や形態上の吟味と同時に更に塔身面の構成の上からも検討されねばならない。

かつて京田良志氏は[14]「板石塔婆は必ずしもカタチが板状であるところの石造塔婆をさすものではない」と言われ、これの厳密なる定義を試みられたが、その中で氏の最も強調されたのは堂外性と一観面性の二点である。堂外性は野外に雨ざらしのまま建立・安置されることであるが、一観面性は「板石塔婆をして板石塔婆たらしめている所以」のもので、それはたとえ形態上は立体的なものであっても尊像・種子・銘文等が一面のみに刻されたもので、かかる構成をもつ一観面石造塔婆を板石塔婆と定義されたのである。

すなわち、従来の板石塔婆の概念が頭部特殊形態を持つ青石塔婆形式のものを基本型としているのに対し、これとは形態的に異質な石造塔婆の中にも「観面が一つにほぼ限定されていると云う共通点がある」と指摘され、かかる板石塔婆の成立と展開の上に青石塔婆形式が特定地域に発生したと言われるのである。

既に見たごとく、従来の青石塔婆形式を板石塔婆の基本型・典型とする解釈では、これと形態的に異質な石造塔婆はその変形あるいは他塔婆の残欠と見做されるが、板石塔婆の「板」を一観面とする右の考えでは、これらは青石塔婆形式のものとは形態こそは違っても、同じ造立趣旨をもった板石塔婆としてその存立の根拠が与えられる。

浄西寺板石塔婆は前述のごとく塔身の四面をやや扁平にしてはいるが、梵字・名号等は正面のみに刻し両側面、背面等は全く考慮されていない。これは明らかに多観面を目的としないいわゆる一観面石造塔婆の造りであって、塔身の板状化とともにこの塔婆が板石塔婆であることをその構成上からも証左していると言うことができる。

(二)　板石塔婆の概念規定

前述のごとく浄西寺板石塔婆は板石状のしかも一観面性をもった板石塔婆であるが、しかしこの板石状と一観面性という二つの特徴は、同時代の石造塔婆類の中で他と区別しその独自性を保持する本質的な要因であろうか。つまり、右の二つの特徴は板石塔婆をして五輪塔や笠塔婆と同様に塔婆分類上の独自性をもたせ得るかということである。

そもそも五輪塔や笠塔婆の名称はその形態や構造に独自の特徴を有するからであって、板石塔婆も板状の頭部特殊形態を有する青石塔婆形式の別名として使用される限りにおいては問題はないが、これを一観面石造塔婆と定義すると右のような疑問が生ずる。なぜなら板石状で一観面をもったものは既に鎌倉時代初期の笠塔婆や角宝塔の中

写真Ⅲ―2　富貴寺笠塔婆

にも存するからである。

　かつて笠塔婆の最古の遺物は福島県如宝寺の承元二年（一二〇八）のものとされていたが、その後千々和実氏[15]によって熊本市所在の安元元年（一一七四）、建久四年（一一九二）、建久七年（一一九六）の三基が発見され、その上限が平安時代末期にまで遡ることが明らかにされた。

　これらはいずれも高さ一〇〇センチ～一五〇センチの各面幅が二〇センチ～四〇センチのほぼ同じ程度の角柱状をしているが、最近発見された山口県護国寺の貞永元年（一二三二）塔[16]は基礎、塔身、笠を備えた最古の遺物で、その塔身は高さ五〇・五センチ、幅二九・五センチ、厚さ一四センチと厚さが正面横幅の半分程の板状化したものである。

　この塔身が板状化した笠塔婆の遺物は大分県富貴寺所在の仁治四年（一二四三）塔や文永五年（一二六八）塔二基、さらには群馬県紅巌寺の文永五年（一二六八）塔などにも見られ、初期笠塔婆には塔身が四角柱状のもののほか厚さに比して正面幅の広い板石状のものが存在しているが、富貴寺の仁治二年（一二四一）塔や文永五年塔二基は正面のみに種子と造立者名、紀年銘を刻したいわゆる一観面石造塔婆である。

　このことは一観面石造塔婆＝石造塔婆とする定義が他形式の塔婆とそれとを区別する概念として必ずしも妥当性

をもたないことを意味している。

それは前述のごとく五輪塔や笠塔婆はこれらがもつ形態的特徴を根拠として成立しているからであって、一観面性ということは特定の塔婆だけが持つ本質的特色ではないからである。もちろん京田氏がわが国石造塔婆史に板石塔婆の流れがあることを指摘され、その中に青石塔婆形式を位置づけられたことは卓見であるが、しかし青石塔婆形式＝板石塔婆とする従来の概念には、単に形態が板状であるばかりでなく、頭部圭角・横二条沈線というこの塔婆独特の一見しただけで他形式の塔婆とこれとを区別できる本質的要因が含まれていたのである。

したがって、氏が板石塔婆の「板」を一観面と解しこれの新たな概念規定をされたことは、青石塔婆形式の一つの特徴である板状化の発生経過を説くいわゆる説明概念としては有効性をもってはいるが、他塔婆形式と板石塔婆とを区別する従来の塔婆分類上の概念には代わり得ないものであり、この名称そのものの存在理由が失われることになる。

然して板石塔婆の再定義が要求されるが、そもそもこの名称は関東や四国東部の緑色片岩を用材とした青石塔婆が扁平な形状をしているところから、板碑などとともにこれの一般的呼称となったものである(17)。つまり青石塔婆の形態的特徴の一つがこの塔婆をして他から区別する主要因として抽出され、この概念規定の中枢に置かれたのである。しかし青石塔婆は他に頭部を山形にしその下に横二条の沈線を有するため、右の概念中には板状と頭部特殊形態という二つの要因を不可欠とすることとなった。

かかる二大特徴はこの塔婆をして他形式塔婆から区別する所以のものとなったが、しかし今日においてはこの特徴を具備するものはわが国石造塔婆史の中にあって特定の地域にしか展開しなかったこと、さらには二大特徴の一方、すなわちこの塔婆の名称の由来ともなった板状の特色は、この塔婆だけがもつ固有の条件ではないことが次第に明らかとなってきたのである。

これらの石造塔婆は頭部に特殊形態を有しないため「自然石板碑」「類型板碑」などと称され、二大特徴を有する青石塔婆形式の変形・退化したものと考えられてきたが、板石塔婆を字義通りに解するならば当然これらの遺物はこの名の下に包含されるべきものであり、しかも重要なことはこれらの中には発生の時期において、既に青石塔婆形式のものより年代的に遡ることが遺物の存在によって立証されているのである(18)。

先学によって「古碑」「一観面石造塔婆」「先行板石塔婆」等と称されて紹介されているものが大体これに相当する。この中には明らかに他塔婆形式やその残欠と思われるものが含まれたりして摘出の仕方が一定しておらず、何よりも類似の実証史料不足から独自性をもった石造塔婆としてはあまり顧みられなかったものである。

しかし後述のごとく、これら板状の石造塔婆は管見によるものだけでも一七例が青石塔婆形式のものに先行して存在し、しかもこれらは同時代の他塔婆形式のどの範疇にも入らない独自性をもったものである。青石塔婆形式を基本とする従来の板石塔婆の概念は、これらの遺物の存在によって変改を余儀なくされているだけでなく、青石塔婆自体わが国石造塔婆史の流れの中で再び位置づけの必要に迫られているのである。

以上、板石塔婆の概念を明確にするためにこれまでの推移を述べたが、これらのことを整理すると次のようになる。まず第一は、板石塔婆の概念を構成し名称の根拠ともなった板状の特徴は、青石塔婆形式のものだけがもつ固有の条件ではなく、この塔婆が他形式のそれと区別される所以のものは頭部圭角・横二条の沈線という他の特徴にあること(19)。第二は、右と関連して青石塔婆形式＝板石塔婆とする従来の定義は存在理由を失っているところから、かかる意味での板石塔婆という名称は消滅すべきであるが、青石塔婆以外にも石造塔婆が存在することから、これらをも含めた用語として使用される場合は新たな概念規定を必要とすること、以上である。

ところで問題はこの第二にあるが、板石塔婆を字義通り板状の石造塔婆と解し、具体的には目的・内容・造立趣旨等が同一のものであれば、青石塔婆形式のものおよびこれ以外のものをもこの範疇下におさめるべきであると考える。板石塔婆の目的・内容等についてはこれまでに提唱された先学の説明でも十分であるが、しかしこれとて地域的特性や時代的な差があり、特に信仰形態と密接な関連を有していることは看過できない点である。

これらの問題についてはここでは省略し、前の形態についてさらに推論すると、板石塔婆が五輪塔や笠塔婆と同じ意味で石造塔婆分類上の名称として機能するためには、他塔婆とこれとを明瞭に区別できるこの塔婆自体がもつところの形態的特徴が必要であり、それは「板」状の特色以外には存しないのである。もちろんこの場合どの程度の形状をしたものを板状とするかが問題であるが、既述のごとくこの根底には石質の問題があり、まずこの点が第一に考慮されねばならない。石質の関係で方柱状に近いものあるいは自然石の正面のみを扁平にした分厚いものなどがあるが、一石でしかも供養塔としての造立趣旨をもつものは当然この名の下に包含されるべきで、その際塔身面の構成が一観面であるか多観面かは板状化を石質とは別な角度から判断する有益な手がかりとなる。

しかし、いくら板状で一観面を有する石造塔婆でも頭頂部に笠を乗せたり枘や頸を有するものは、板石塔婆とは別形式の塔婆としてこの範疇から除外されることは言うまでもない。

以上述べたことは従来の板石塔婆の定義に代わるこれの新たな解釈であるが、その実態は「一石板石塔婆」(20)などとこれまで称されてきたものと大して変わらない。ただ繰り返すようではあるが、青石塔婆形式のものを基本型として板石塔婆の名称をこれのみ限定し使用することは、板状の特色がもはやこれのみがもつ特別なものではない以上、この名称の字義からしても決して相応しいものではなく、青石塔婆形式出現以前の板石塔婆に対しても「先行塔婆」「先行板石塔婆」(21)などと、あえて特殊な名称を付することは甚だ合理性に欠けるものと言わねばならない。

この点、服部清道氏[22]が青石塔婆形式のものを「武蔵型板碑」と称されたことは至当であるが、他地域のものはこれの変形であるとする点においては前と同様承服しかねるものがある。従来の板石塔婆すなわち武蔵型板碑は、如上の板石塔婆が最も平面化した上に頭部の特殊形態が加わったもので、これの成立展開はそれ自身独自の意味をもつものであるが、平面化の作用は主に特殊な用石によるもので、わが国石造塔婆史の上からは板石塔婆の特殊形態として当然この範疇に入れるべきものと考えるからである。

(三) 板石塔婆の発生

最後に、如上の定義による板石塔婆で青石塔婆形式出現以前のものを掲げると次のようになる[23]。形態が板状でも供養塔としての意味を有しない石碑類や、明らかに他形式の塔婆と考えられるもの、さらには造立年次に疑問のあるもの[24]はもちろん除外したが、塔身の裏面などに梵字や紀年銘を刻するものでも正面が主要をなしているものはこの中に含めることにした。

① 康平七年(一〇六四) 浄水寺跡如法経碑　熊本県下益郡豊野村下郷
② 延久二年(一〇七〇) 横町観音堂三尊種子塔婆　福岡県直方市植木町
③ 元永二年(一一一九) 鎮国寺阿弥陀像塔婆　福岡県宗像郡玄海町
④ 天治二年(一一二五) 本木二尊種子塔婆　福岡県宗像郡福間町本木
⑤ 天治二年(一一二五) 安楽寺谷弥勒像塔婆　徳島県板野郡土成町高尾
⑥ 天養元年(一一四四) 千光寺阿弥陀種子塔婆　熊本県阿蘇郡南小国町赤馬場

⑦　天養元年（一一四四）立石寺如法経碑　山形市山寺
⑧　久安三年（一一四七）明星輪寺如法経碑　岐阜県大垣市赤坂町
⑨　仁平元年（一一五一）福田寺三尊種子碑　京都市左京区花背別所町
⑩　長寛元年（一一六三）稲積山五輪種子碑　大分県宇佐郡四日市町
⑪　養和二年（一一八二）筒野五智如来像三連塔婆　福岡県嘉穂郡庄内町筒野
⑫　寿永四年（一一八五）椿地弥勒像塔婆　徳島県阿南市椿地
⑬　文治五年（一一八九）多岐神社如法経碑　岐阜県養老郡養老町三神
⑭　文治五年（一一八九）観音寺如法経碑　岐阜県養老郡上石津村
⑮　文治五年（一一八九）正円寺如法経碑　岐阜県大垣市静里町
⑯　建久元年（一一九〇）西郷三尊種子塔婆　長崎県諫早市原口名西郷
⑰　建仁二年（一二〇二）浄西寺阿弥陀三尊三連塔婆　山口県大島郡東和町油宇

これら一七例は形態上は板状のあるいはこれに準ずる石造塔婆であるが、造立趣旨からすると大きく二つに分けられる。まず、①⑦⑧⑨⑩⑬⑭⑮の八基は、これらは「碑」「石標」「塔婆」などの名称をもって報告されているが、塔身正面には「南无如法妙法蓮華経」（①⑩）や「如法経」（⑦⑧⑬⑭⑮）と刻されているから、これらはいずれも如法経の経文を埋納した経塚の標識として建てられたものである。

特に⑦の立石寺のものは板石状の正面に「如法経所碑」とあり、石造標識としての感が強い。したがってここではこれらを他と区別するために「碑」として統一したが、しかし中には単に碑としてよりも保存埋納された経文とともに礼拝の対象とされたものもある。

文治四年（一一八八）栃木県小山市の満願寺六面石塔(25)は形態こそ違え、如上の①以下と同様経塚の標識として建てられたものだが、各面には金剛界五仏種子を刻し、塔頂には経文納入の孔があり、また⑩の大分県稲積山ののは六角柱状の標柱上部に五輪種子を刻している。したがって、これらは保存埋納された如法経の表象としての文字を銘に刻し、それ自身が礼拝の対象となったもので塔婆の一種と考えねばならない。

写真Ⅲ―3　康平7年浄水寺跡如法経碑（中央）

写真Ⅲ―4　天養元年千光寺阿弥陀種子塔婆

特に①の康平七年如法経碑は高さ一一五センチ、各面幅が三一〜三九センチの不整方柱状のもので、現在は後補の覆蓋に覆われている。頭部は頸や枘もない水平状であり、形態的には⑤や⑰に近いものであるが、後者は死者の供養塔婆であり経塚標識としての碑・造塔とは区別して考えるべきである。

次に、②以下の残された九基は頭部特殊形態を有しない点で青石塔婆形式のものと一線を画されるが、塔身面の板状および造立内容からすると極めてこれに近似性を有し、その先行状態としての意味をもつものである。

このうち②③④⑤⑪⑫については、これまでにも先学によって縷々紹介され周知のものであるが(26)、⑥⑯⑰の三基は管見ではこれまでに先学からあまり問題にされなかったものである。⑰は本文で既に紹介したので、ここでは⑥⑯の二基についてその概要を記することにする。

⑥の天養元年千光寺阿弥陀種子塔婆は、現在は同寺境内のコンクリート台に脚部を固定してて立ててあるが、数年前田圃の畦畔から掘り出されたもので、年代的には合わないが、地元では平重盛の菩薩を弔うために建てられたものであると言っている。硬質の自然石で不整形の三角錐状をしており、鎌倉時代中・後期になるとこれに似たものが出現するが、この時代ではこれと類似の板石塔婆は少ない。高さは台上一四六センチもの大部で正面中段には太字で阿弥陀種子を刻し、その下に次の銘を刻してある。

　　敬白
　勧進大法師勝賀 □□□□□
天養元年甲子十二月十三日

銘中の勧進僧大法師勝賀は、昭和三十九年福岡県宗像郡宗像町山田の畑地から発掘された大治五年（一一三〇）銘の経筒に「勧進僧勝賀」とあり、両者は同一人物と推定される(27)。

写真Ⅲ—5　建久元年西郷三尊種子塔婆

次に⑯の建久元年西郷三尊種子塔婆は、もと石坂山慈眼寺址と伝えられるところに建てられ、正面はほぼ平らな形状をなしているが、背面は粗削りである。高さは地上最高部で二〇八センチ、幅は頭部脚部ともに一二〇センチ、厚さはおよそ一〇～二〇センチである。

正面中央に胎蔵界大日種子とその左右に脇侍として不動、毘沙門の各種子が刻されている。銘は両脇侍に挟まれて紀年のみを刻している。

建久元年才次庚戌十一月日

干支と歳次を誤って判読したために後刻と見做されてきたが[28]、実際は右に示すごとくで、梵字および紀年銘の古式な字体からして当時のものと見て間違いない。

ところで、上記の九基をみていくと、③④⑪⑫はいずれも弥陀・弥勒・如来の各仏像を、さらに②⑥⑯⑰は仏像の表象としての梵字種子を各々塔婆正面の主要位置に表記し、これを礼拝の対象としている。②と⑪は裏面にも種子曼荼羅や紀年、造立趣旨を刻しているが、中心は正面の仏像や種子にあり、この傾向は⑤や⑰においてさらに具体化する。

⑤の本木二尊種子塔婆は高さ一〇〇センチ、各面幅四〇センチ程の自然石砂岩製の四角柱状をしているが、銘は正面のみにキリーク、アの梵字二字と紀年を刻した簡単なもので、形態的には奥行きのある立体状でも背面や両側面は何ら考慮されていない。つまり塔身面の構成が多観面から次第に一観面に限定されてくるのである。

ここに掲げた③⑤⑪⑫⑯の五基は、文字通り板状の石造塔婆であって、しかも⑪以外は背面無銘であるから、右の一観面化への傾向が塔身面の平面化を促進し、かかる板石塔婆を成立せしめたと考えられるのである。

一観面であるばかりでなく形態的にも既に板状化していることは、この塔婆形式の独自的展開があったことを示すものであるが、しかし、右記九例を仔細に検討すると、前の②や⑪のごとく裏面に梵字や造立趣旨を刻したり、また⑪や⑰のように三連対のものがあるなど、これが一石の板石塔婆として完成するまでには必ずしも単純には推移していなかったことが窺える。

写真Ⅲ—6　養和2年筒野五智如来像三連塔婆

⑪の筒野五智如来像三連塔婆[29]は、中央の中心塔が高さ一五八センチ、幅七一センチ、厚さ二一センチで、正面を上下三段に分かち、中段には胎蔵界種子曼荼羅と四隅に四天王を刻み、上下段には横長の龕中に各々胎蔵界大日如来を中尊としたいわゆる五智如来像、三所権現像を陽刻し、背面には造立趣旨と紀年銘を刻している。

また、左右の二基はそれぞれ二行ずつ梵字を刻んでいるが、左基は大日応身・法身の真言、右基は大日報身真言と胎蔵界五仏である。

左基は高さ一二六センチ、幅六〇センチ、厚さ二八センチ、右基は高さ一四一センチ、幅六三センチ、厚さ三〇センチで、⑰の浄西寺塔婆と比較すると高さは低く横幅は約二倍であるが、厚さの寸法は大体同じである。

銘は前述のごとく中央塔が五智如来像を刻し浄西寺のものより丁重な造りであるが、左右二基は梵字偈を刻すのみであるから中央の脇侍であり、連碑の主体が中央塔にあることは言うまでもない。後代になると一基中に三尊を刻すようになるが、これらが各々別石で独立して造られていることは、仏像の陽刻化とともに前代の立体的・多観面的造塔形式の影響下にあるものと見て間違いない。

しかし、一方では塔身正面には上部に仏像や梵字種子を配置し、背面ではあるが「勧進僧円朝奉立石体云々」と勧進僧名、造立趣旨を刻し、前述の③や⑤と共通した特色をもっている。平安時代に石造塔婆が供養塔として一般的に小型化したとはいえ、前代の木造伽藍の方形重層をしたものの流れの中で立体的・多観面的であったことは五輪塔や笠塔婆を見れば容易に理解される。したがって形態的に平面化した板石塔婆は、これら立体的な他塔婆形式を先行形態として成立し、その発生はさらに遅れるとするのがこれまでの定説であったが、しかし、これはあまりにも常識的な見解であって、事実は前述のごとく五輪塔や笠塔婆と併行して板石塔婆が九例も存在するのである。

もちろんこれの独自的展開を立証するためには数が少ないと言われるかもしれない。しかし今日知られている右の板石塔婆と同時代の五輪塔は、岩手県中尊寺の仁安四年（一一六九）のものを最古例として四基、同じく笠塔婆は熊本県本光寺の安元元年（一一七五）のものを最古例としてこれも四基しか存在しないのである。このことは、板石塔婆がこれら他形式の石造塔婆と比較して、その発生年次において決して遅れるものではなく、等しく平安時代中・後期の宗教的・社会的情況下における造塔供養の産物として成立、展開したことを知らしめている。

むすびに

周知のように平安時代中・後期には貴族の間に大量の小塔造立供養が流行し、泥塔・籾塔・笹塔・柿塔などの小塔が盛んに造られ、わが国塔婆史上に一大変革期をもたらした。天平宝字八年（七六四）の百万塔陀羅尼造立をはじめとして、天徳元年（九五七）の呉越王八万四千基塔の一部伝来、さらには末法思想の高潮がこれに伴ってかかる現象を招来したのである。

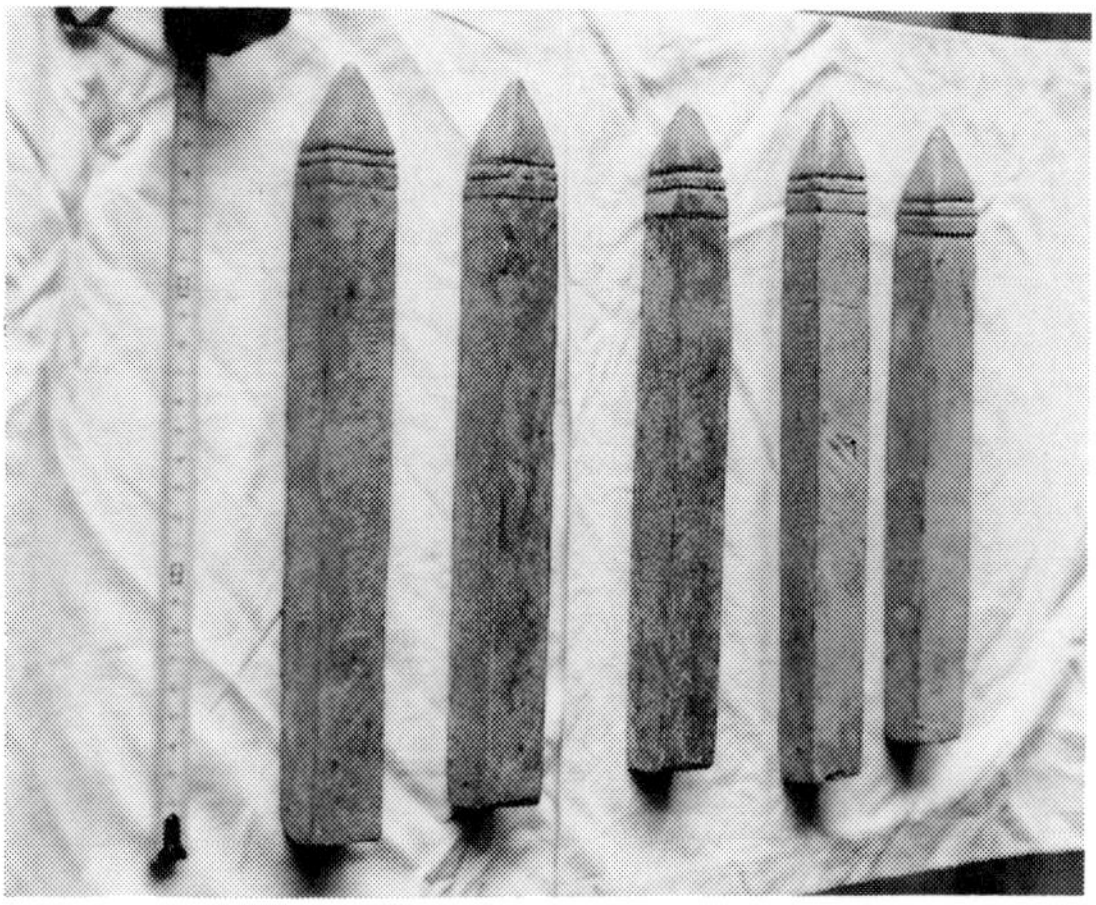

写真Ⅲ—7　応徳3年板石塔婆型瓦経

この小塔供養の意義は、単にそれまでの大型であった塔婆が小型化されて量的に増産され、造塔供養の風潮を社会的に醸成したと言うだけに留まるものではない。なぜなら小型化し、大量生産化されることは形態上の簡略化を生む根本的原因であり、また様々の異種類の塔婆形式をも発生せしめる契機ともなるからである。

前代の奈良時代には主として木造層塔が寺院の中心的建造物として造立されたが、平安時代になると用材は木・石・金属と多種類になり、またその造塔形式も前述の五輪塔や笠塔婆をはじめとして多様化する。

そしてこの多塔婆形式の初発期のものを見ると、すべて未整形の一石彫成になるものが多い。例えば五輪塔は、初発期の大分県中尾の嘉応二年（一一七〇）塔や承安二年（一一七二）塔はともに一石彫成であり、高さも六〇センチ、一〇五センチと小型である。

京都鞍馬寺の石造宝塔などにもこの傾向は見られるが、板石塔婆の場合は岡山県倉敷市安養寺経塚から出土した応徳三年（一〇八六）の板石塔婆型瓦経が注目される(30)。これは長さ約二五センチ、幅五・五～六センチ、厚さ二センチ程の板状瓦で、これが同一箇所から三九枚も発掘されたことは、前の小塔供養の風潮下で製作されたものと見て間違いない。

これらの小塔婆がやがて石造化されて板石塔婆を成立せしめたと考えられるが、源流問題は単に形態状の考察だけには留まらないので、この点は別の機会に詳論することにしたい。

【注】

（1）ここにいう板石塔婆とは、板状扁平の頭部圭角・横二条の沈線を有するいわゆる青石塔婆形式のものだけを指すのではなく、これらをも含めた板状の石造塔婆という意味である。詳細は本文にて後述する。

（2）三坂圭治著『山口県の歴史』二三、三四頁。

（3）後述のごとくこの塔婆はもと浄西寺近くの油宇の海岸にあったもので、大正初期頃に現在の位置に移建したものである。移建以前あるいはその当時の記録は何も残っていないため確かなことは分からないが、移建当時は三基中一基が既に失われていたことから、もとは海岸の砂中に埋まっていたとも考えられる。地元の人々はこの塔婆を三尊石と言っており、発見の時期は不明であっても浄西寺境内に移される前からその存在が一般的に知られていたことは間違いない。

（4）『考古学雑誌』第一四巻第九号。

（5）『考古学雑誌』第二〇巻第八号。ただしこれは先行書に基づいてつくられた所在目録である。氏は同誌第二三巻第一〇号に「防長金石文（一）」を発表し、「浄西寺供養碑」とこれを称しているが、記述内容は『防長地名淵鑑』と全く同一で簡略なものである。

（6）「山口県下の石造美術」（二）（『山口市文化財』第三号）。これまで御薗生氏や小川氏によって「古碑」あるいは「供養碑」とされていたものを内田氏は「板碑」として紹介したが、それには板碑の概念規定を必要とする（注1参照）。なお、筆者はこの前年に「大島郡東和町所在の板石塔婆について」と題して、「山口県地方史学会」において研究発表を行った（同学会第三六回研究大会、昭和四十七年十一月十二日）。

（7）最初の紀年銘の箇所の一字について、この塔婆を最初に報告した御薗生氏は「建仁二才次壬戌」と省記しているが、これは確かに刻字された跡はあっても磨滅のため「年」と判読しかねたためと思われる。また他の一字については「石口正国」と記している（御薗生翁甫著『防長地名淵鑑』一五〇頁）。

（8）板碑などには阿弥陀・観音・地蔵の組み合わせからなる三尊碑もあるが、ここでは阿弥陀・観音・勢至のいわゆる弥陀三尊と推測した。

（9）川勝政太郎著『日本石材工芸史』一七九頁。

（10）大分県の古園磨崖仏などはその一例である。

（11）鎮国寺の元永二年（一一一九）板石塔婆は地上よりの高さ一二三センチ、横幅は上幅四〇センチ、下幅四三センチ、厚さは左側の最も厚い所で一五・五センチあり、また椿地の寿永四年（一一八五）塔は頂上部から基底までの高さが九二・五センチ、中央部の横幅は二七センチ、厚さは八センチで、後述のごとくこれらは板石塔婆中もっとも板状化したものである（前者は実査、後者は『阿南市の文化財』第一集による）。

（12）実査による。

（13）東京天文台編『理科年表』（昭和五〇年版）による。

（14）「一観面石造塔婆の展開と青石塔婆―板石塔婆の定義―」（『歴史考古』第一六号）。「青石塔婆形式の源流」上（『史迹と美術』三七一）。

（15）「初期の笠塔婆」（『史迹と美術』三三四号）。

（16）この笠塔婆は山口県防府市迫戸の畦道に放置されていたのを今年五月同市橋本町の護国寺境内に移建したものである。熊本県本光寺の安元塔以下の三基、及び福島県如宝寺の承元塔はいずれも塔身のみであるが、これは年代的にも上記四基に次ぐ基礎・塔身・笠を備えた貴重な遺物である。総高は八九・五センチあり、正面は線彫りの蓮座の上に弥陀三尊種子を平底彫りし、裏面には八葉蓮の胎蔵界曼荼羅種子と銘文を刻し、さらに両側面には梵字と五輪塔が線刻されている。板石状の塔身と塔頂部に枘を有し、その上これにはめこむ笠を完備していることは甚だ貴重である。

(17) 板碑の名称発生については久保常晴氏の詳細な考察がある。「板碑の名称」(『月刊考古学ジャーナル』第八六号)。

(18) 前掲京田氏論文、千々和実「板碑源流考」(一)(『日本歴史』第二八四号)。

(19) 最近服部清道氏は、青石塔婆形式のものでも発生期に近いものほど塔頂部の角度が鈍角になっていることを指摘され、「武蔵系板碑は、その基本的形態として尖頭型であるということである。しかしその尖頭は、板碑の初発期において不可欠の条件であったか、どうかという問題があろう」と述べられている。「板碑の起源」(『月刊考古学ジャーナル』第八六号)。

(20) (21) 前掲千々和実氏論文。

(22) 『板碑概説』一五〜一六頁。

(23) 前掲千々和、京田両氏の論文、川勝政太郎著『日本石材工芸史』、多田隈豊秋著『九州の石塔』上巻、望月友善著『大分の石造美術』等、および筆者の実見による。

(24) 例えば治暦三年(一〇六七)阿邪訶根神社如法経碑や仁安三年(一一六八)勇猛寺倶利加羅不動三尊塔婆は年紀に後刻の違いがあるので除外した。

(25) 千々和実「平安時代の経幢」(『史迹と美術』三五二)。

(26) ⑤の天治二年本木二尊種子塔婆は、最近千々和実氏によって初めて明らかにされたものである。高さ一〇〇センチ、各面幅四〇センチの四角柱状の自然石砂岩であるが、正面のみにキリークとアの二種子と紀年銘を刻している。千々和実「板碑源流考」(二)(『日本歴史』二八五号)。

(27) 前掲多田隈氏著書による。

(28) 干支と歳次が異例なものは、管見では愛媛県松山市石手寺の嘉元四年(一三〇六)鉄灯台座銘や神奈川県高座郡座間星谷寺鐘銘などがある(木崎愛古編『大日本金石史』二—四六、二—二四頁)。

(29) 実査による。
(30) 実査による。

《付記》
本文で紹介の浄西寺板石塔婆と護国寺笠塔婆の両基は、本稿脱稿後の昭和五十一年十一月廿四日に昭和五十一年度山口県指定文化財に指定された。

二　山口県の板碑

はじめに

明治三十八年、近藤清石が編纂した『金石文誌』には、梵鐘・金鼓・墓碑・記念碑等六二〇余の遺品が収められている。板碑もわずかに四例だけだがこの中に記録され、初めて学問的なスポットを浴びることになった。しかし識者の関心は塔形よりも紀年銘の古さにあったのだろう。板碑も五輪塔も一様に古墓や供養塔であり、形態上の学問的配慮を欠いたまま銘文だけが録されることになった。

ところで、『金石文誌』は、編者自らが「然れども各郡村里に就きては捜索せしにあらねば遺漏多かるべし」と告白するごとく、これにはかなりの遺漏と錯誤が認められる。したがって、これ以後の課題は『金石文誌』を訂正増補すること、具体的にはこの書に収められた遺品の魯魚《ろぎょ》を正しながら新たな資料の追加補足をすることにあり、これらの作業はいずれも実地調査を行うことによってしかその突破口は見いだされない。藤田葆は『巌邑金石文』（明治三十五年）を著して個別実証研究の先駆をなし、続けて弘津史文『防長探古録』（大正十四年）、御薗生翁甫『鴻城掃苔集』（昭和二年）が出るに及んで金石文に対する一般の関心も高まった。ただ如何せん藤田、御薗生のものは書名が示すごとく岩国、山口の特定地域だけを対象としており、『防長探古録』も収められた一六〇例中新資料の追加はわずかに四例だけに留まっている。

『金石文誌』に未収録の遺品発掘に大きく寄与したのは、大正末年に刊行された『防長考古学会会報』と各郡誌の編集であろう。宇部市川上の虚空蔵山より出土した文応二年（一二六一）銘の遺品が、名称も「供養板碑」として初めて学界に報ぜられたのも右の刊行が契機となっている。昭和五年に小川五郎が作成した「防長金石年表」には慶長以前の石造物が六一基載っており、板碑はこの中に一〇基含まれている(1)。明治期よりも六基増え、この新発掘をもたらした郡誌の編集は戦後においても各市町村史の作成へと受け継がれ、内田伸・兼重宗和などの報告によると(2)、今日では戦前の三倍を超える三三基もの存在が明らかになっている（別石でも対をなすものは一基として数える）。

こうした遺品の発掘に並行して、板碑の造立背景や他との比較研究などの学問的考察も試みられねばならない。殊に本県の場合は前の宇部市虚空蔵山碑のように、板碑が発生して未だ間もない初発期の、しかも青石塔婆形式に類似した遺品をもつに至ってはなおさらである。かつて服部清道はこの遺品の形式手法から「畿内型」と名付け(3)、その系統にも言及されたが、以後これを否定、補強するいずれかの論稿も出ないまま今日に至っている。ただ県内における板碑の主流が頭部山形、横二条の切り込みを有しない自然石板碑であることから推理すると、虚空蔵山碑よりも近年発見された大島郡東和町油宇浄西寺の建仁二年（一二〇二）銘の方を重視しなければならない(4)。右記二例の他にも室町期の庶民信仰と関連する貴重な遺品があり、これらに対しても学問的照射が及ぶのはこれからである。

(一)　地理的・時代的分布の様相

旧郡別に地域的分布を見ると、県東部の大島郡屋代島の二基をはじめ、玖珂郡一、熊毛郡五、都濃郡五、佐波郡

三、吉敷郡一、厚狭郡二、豊浦郡一と、全体の約三分の二に相当する二〇基が瀬戸内沿岸の山陽側に分散、展開している。これに対し日本海に面した山陰側では、大津郡向津具半島周辺に三基があるだけで、萩市や北長門地方からは未だ発見されていない。また内陸部では厚狭川上流の美祢地方に七基密集していて、これと近距離にある豊浦郡の一基を加えると、ここには全体の四分の一が集在していることになる。同じ内陸部でも県東部の錦川上流からは都濃郡鹿野町の二基が発見されているだけで、河口の岩国付近から何ら類例を見ないことは意外である。遺品が年々新たに発見されている事実から推測すると、右の分布は必ずしも将来を限定するものではない。しかし基数は増えたとしても現存の山陽・山陰側が占める比率は大きくは変わらないであろう。この点若干の分析を加えてみたい。

周知のように、瀬戸内海に面した山陽側は古代以来海岸線を縫うように山陽の官道が走っている。山陽道は都と西の大宰府を直結する最も重要な基幹道路であり、これが通過する県内沿線上には一二か所の宿駅と周防・長門の国府も置かれている。山陽側が政治・経済上の枢要な意味をもっていることから、文化面においても他所から新たなものが伝播導入される場合は、まずここを経由して受容されたであろうことは想像に難くない。板碑が発生した中世においても内藤・大内・厚東・豊田などの有力豪族がいずれも山陽側に版図を拡大し、これに近い箇所を本拠としている。彼らこそ先祖の供養と一族の繁栄を願って氏寺を建立し、石造塔婆を造立した担い手であって、山陽側は地理的・歴史的にも板碑発生の諸条件を備えているのである。

これに反し山陰側は鯨ケ岳、花尾山、天井ケ岳などの山脈が北浦の海に迫っているため地積も狭く、人間の住む生活環境としてはあまり恵まれていない。また北の山陰道が石見国で終わりこの地方にまで及んでいないのも、単に経済面だけでなく文化的にも他より遅れをなす原因となっていよう。すべての面で山陽側とは著しい対照をなす山陰側が、板碑造立においても異なった様相を呈するのは当然である。前途のごとく山陽側には全体の約三分の二が適度に分散造立しているのに対し、山陰側はわずかに三基だけ、しかもこれらは北浦の半島沿いに集在しているのである。これは山陽側が地理的・歴史的条件から新文化の波動を常に受け、したがってその伝播普及の速度も敏速であったのに比べ、山陰側および内陸部では波動の頻度と強度が少ないため広く普及することはなかったが、一度受容された特定地域においては山陽側よりも一層濃密な文化を現出するに至ったと解することができる。右の観点からすると、未だ板碑が発見されていない北長門地方からも遺品がまとまって発掘される可能性はあるが、現在は鎌倉期にこの地域を領有した三善氏関係の五輪塔や角柱塔が確認されるに留まっている(5)。

次に現存遺品の造立年代を一瞥すると、三三基は紀年が明らかである。無銘のものでも形式と内容から造立時を推定し各時代毎に整理すると、鎌倉期六、南北朝期一〇、室町期一七となる。数字の上では時代が降るに従って件数も多くなっているが、年間平均の造立から判断すると、南北朝期が隆盛期で次の室町期に入ると衰微退化する傾向が認められる。つまり室町期では末期の永正・天文年間に七基もの稠密《ちょうみつ》さを示しているかと思うと、一方の初期においては九十年間もの間一基も造られず、文化の継続した発展がなされていないのである。

なお、先の地域的分布を右の造立年代と関連させてみると、防長地方の板碑は鎌倉初期にまず山陽沿いに発生し、これが山陰側や内陸部に及ぶのは鎌倉末期になってからであり、この間およそ百二十年の時代的距離がある。また山陽側では各時代を通じ割合間断なく造立展開しているのに対し、山陰側の三基は鎌倉末期から南北朝にかけての短期間に集中し、内陸部の七基も美祢市堀越町の建武五年（一三三八）銘を除く他の六基はすべて室町末期に造られている。つまり各地域における新文化の受容とその継承発展の様相は、先の地域的分布の結果と軸を一にしているのである。

(二) 形式・系統上の問題

武蔵型や九州型などのように形式面から概念規定が可能な整形板碑と、内容的には何らの造作も有しない自然石板碑とに分けることにする。本県の場合はその多くが自然石板碑によって占められているが、中には青石塔婆形式を踏襲するものや頭部に突出を有するものなどもあって系統関係は複雑である。

(1) 整形板碑

宇部市川上の虚空蔵山から発掘された文応二年（一二六一）銘の弥陀三尊種子板碑は、この地方特産の石灰岩を使用した高さ五七センチ、幅二三センチ、厚さ七センチの小遺品である。低い山形をした頭部下方には横二条の切り込みもなく表面は平らであるが、左右両側面には長さ一センチ前後の二段の切り込みが残っている。恐らく横二条線は途中で磨滅したのではなく最初から刻されなかったのであろう。石灰岩や安山岩の場合は、緑色片岩とは違って板状化するにも相応の厚さが必要であり、無理をして横二条の切り込みを入れると破損する危険が在するからである(6)。ともあれ、これと同類の側面

写真Ⅲ—8　弥陀三尊種子板碑
（宇部市川上虚空蔵山出土、文応２年銘）

にのみ切り込みを有する遺品は関東の緑色片岩製のものにも見られることから、虚空蔵山碑は系統的には頭部山形、横二条の切り込みをもった青石塔婆形式に連なっていると判断される。然らば十三世紀初頭に初めて関東に出現を見た青石塔婆形式がそれよりもわずか三十四年後に、しかも本州の最西端の本県にどのようにして伝播流入したか、極めて重要な問題が提起されてくる。

周知のように、頭部山形、横二条の切り込みを有する遺品のうち造立年次の古い初発期のものは、埼玉県須賀広の嘉禄三年（一二二七）銘を筆頭に埼玉・東京・神奈川の各地域に集中している。これが関東地方を越えて他に及ぶのは一二四〇年代に入ってからであり、西日本方面においては虚空蔵山碑出現までの間に滋賀県無動寺谷の建長三年（一二五一）銘がただ一つ造立されているだけである。したがって、関東に発現した新文化が自然に拡散普及する中でこれらの遺品が造られたとは想定し難い。この地方に他よりも先がけて新文化を直接に移入するような事情が存したか、さらにはこの遺品が板碑の関東一元発生説を覆すような事実を秘めているのか、今後是非究明さるべき問題点であろう。ただその際虚空蔵山碑は中国・四国地方における青石塔婆形式の最古品ではあるが、本県の板碑三十数基の中にあっては全く特異な存在であることを忘れてはならない。つまり、これ以後同系統の遺品が登場するのは熊毛郡平生町の明応六年（一四九七）碑であり、この間実に二三〇年余もの空白がある。しかも本県の場合は青石塔婆形式を踏襲する遺品はこれら二例だけで、自然石板碑が主流をなす事実から考えると、虚空蔵山碑が関東の新文化とは無関係にこの地方に独自に発生した形態であるとする仮説は成立し難いように思われる。

次に、九州型板碑の影響下に造られたのが防府市牟礼の敷山験観寺跡の種子碑である。紀年銘はないが銘文から鎌倉末期の造立で、高さ一一一センチの三角柱状の塔身に対して頭部は三センチ程前に突き出て緩やかな孤を描いている。これと似て額を頭部と根部に有するのが徳山市庄原の応安七年（一三七四）の地蔵線刻碑であり、同系統のものはこの他にも存する。

(2) 自然石板碑

三三基のうち二八基までが不整形の自然石板碑で、県内全域に時代的な偏りもなく分布している。石質は安山岩や花崗岩が多いが美祢市周辺には砂岩製のものが三基程ある。地元産出の石材を方柱状や板状に削ったもの、あるいは自然石の原状に加工を加えないものなど形状は様々であるが、大半は地上からの高さが一メートルを超えており、中でも徳山市湯野の応永十二年（一四〇五）銘は三一二センチと大部である。

写真Ⅲ—9　名号板碑
（大島郡東和町浄西寺、建仁２年銘）

県東部の瀬戸内海に位置した大島郡東和町浄西寺には、本県最古の有銘石造遺品であり、わが国石造塔婆史上からも注目される建仁二年（一二〇二）銘の名号板碑が存する。これは二基対をなしており、ともに安山岩製の方柱状をしているが、向かって右側の高さ一七六センチの方は「阿弥陀仏」の名号とその下方に紀年銘を刻し、上部は欠失している。左側の一基は高さが一七四センチで梵字「ビ」（増長天）の下に「南无観世音ササ」と刻しているから、現在行方不明の一基と併せ阿弥陀三尊を構成していることは明らかである。鎌倉初期のもので対の三期に各々名号を刻した遺品は全国的にも珍しいのではあるまいか。そればかりか浄西寺名号碑は武蔵型板碑の最古品である埼玉県須賀広の嘉禄三年銘よりも年次的に二十五年もさかのぼっている。したがって、これを前述の虚空蔵山碑のように青石塔婆形式をもとにして発生したその類似品とするわけにはいかない。整形・不整形を問わず、我々が板碑と称しているものと同一範疇に属する初発期遺品であって、本県の場合はこれの系統を引くものが文永二年（一二六五）に、まず山陽側の防府市牟礼験観寺跡に造られ、以後大津郡油谷町伊上の嘉暦三年（一三二八）釈迦三尊碑、美祢市堀越の建武五年（一三三八）五輪種子碑などと山陰・内陸両地方にもこの形式を踏襲する遺品が出現し、その主流を形成するに至っている。

(三)　板碑造立の背景

板碑は石造塔婆の中でも特殊な形態を有する点で顕著であるが、広い塔身に刻された梵字種子や偈頌《げじゅ》、造立趣旨などは歴史資料として豊富な内容を持っている。これらを分析・検討することによって板碑造立の宗教的・社会的背景について触れてみたい。

(1)　主尊標識

塔身正面の主要位置に顕刻される主尊には仏像・梵字種子・名号等がある。本県の場合はこれを類別すると、梵字種子が圧倒的に多く三三基中二九基までを占めている。弥陀一尊種子は新南陽市富田の勝栄寺と徳山市下上の岩

写真Ⅲ—10　種子板碑
（豊浦郡豊田町長願寺跡、観応3年銘）

写真Ⅲ—11　六地蔵種子板碑
（熊毛郡平生町、明応6年銘）

屋寺にある室町期の二基だけであるが、弥陀三尊種子のものは虚空蔵山碑をはじめ計八基も存する。これに「南无阿弥陀仏」の名号を刻した浄西寺碑などを加えると、阿弥陀信仰に関係した遺品が計一二基となり全体の三六%を占める。ただし、右の中にはキリーク・サ・サクの弥陀三尊に加えてウーン（馬頭観音）やバン（金剛界大日如来）を刻するなど諸信仰との交錯も窺われる。

　次に多いのが金剛・胎蔵両界の大日如来種子を刻したもので、厚狭郡楠町吉部の天文十五年（一五四六）碑は蓮座上にアーンク（胎・大日）を顕刻するだけであるが、熊毛郡熊毛町安田の室町期造立のものはバン（金・大日）の下に大日報身真言の梵字種子を、都濃郡鹿野町金峰の明徳元年（一三九〇）碑はバン・ア（胎・大日）・ウーン

（阿閦）の三種子を縦に刻し、紀年銘は左側面にある。これらに五輪種子を刻した美祢市堀越の建武五年（一三三八）碑や下関市富任観察院の天文年間造立碑（年号の下の数字が欠けている）、五輪塔を線刻し裏にも梵字アを刻した美祢市麻生の室町期のものなどを加えると、大日如来関係の遺品は計六基となり全体の一八・一％を占める。これらの他にも釈迦三尊を刻した大津郡油谷町の二基や、南北朝期以降になると一般庶民信仰のシンボルである地蔵菩薩を刻したものが四基程出現している。殊に熊毛郡平生町の六地蔵碑は蓮座上に顕刻された梵字種子と頭部横二条線の上に線刻された月輪形の模様に特色がある。恐らく宝珠を擬したものであろうが、それにしても種子以外のシンボルが塔身頂部に顕刻されるのは珍しい。

(2)　造立主体

最古の浄西寺碑には「造立願人／□宅正國／女施主清原氏」とあり、□宅正國とその妻である清原氏が願主・施主となってこの塔婆を造立したことが知れるが、両名ともいかなる人物か不明である。また、これに続く虚空蔵山碑も正面中央の紀年銘を挟んで「右奉造立率都婆六千本／中台者為藤原國守尊霊／沙弥尼阿陀仏尊霊滅罪／生善往生極楽証大菩提故也／藤原□□　敬白」と、造立趣旨を刻んでいる。藤原國守と妻阿弥陀仏の菩提を弔うための造立であり、尊霊からして作善者の藤原某はおそらく國守の子供であろう。藤原國守は人名と解され文献との照合もなされているが、未だ明らかでない。ただ、平安末期に公家の間に流行した小塔造立供養に倣って六〇〇〇本もの卒都婆を造立し、その中心に本碑を建立した事実からすると、社会的には上層の人物であったことは間違いない。中央から赴任してきた国司か守護や地頭として西国に赴いた西遷御家人などが想定される。

これら鎌倉期の遺品とは違って豊浦郡豊田町にある観応三年（一三五二）銘は、南北朝期に西長門一帯を支配した豊田氏の供養塔である。豊田氏十二代の種長は北朝厚東氏に敗れ観応三年十月十八日に歿したが、その後良祐なる人物が大施主となって高さ二五三センチ、幅一〇七センチ、厚さ三〇センチもの大部な追善供養塔を造立したのである。これが建っている場所は種長の父伊賀守種貞が祈願所とした長願寺の境内である。また熊毛郡熊毛町の正平十年（一三五五）銘も、「沙旀尼心法」「沙旀道念」の人名は不詳であるが、在俗のまま出家した在地武士、豪族であったと推測される。南朝年号を刻す唯一の遺品であり、ちょうどこれが造立された頃に大内弘世が同族鷲頭氏を倒し周防国の支配を貫徹したことを考えると、その造立背景には悲劇的事件が想定される。

鎌倉・南北朝期の板碑の多くが在地豪族層によって造られているのに対し、室町期に入るとこれに新たに一般庶民が加わり造立内容も多様化してくる。徳山市庄原にある応安七年（一三七四）銘は緩やかな山形の頭部と根部を一センチ程突き出して額部を造り、中央の凹んだ身部に地蔵菩薩の立像を薄肉彫りしているが、この向かって右側には「右□已上八百十七人」と、これが多数の善男善女によって造立されたことを知らせている。また一般庶民が特定の信仰集団を形成し、その造立からなる遺品も現れている。熊毛郡平生町の六地蔵板碑は現存の五基とも「右逆修七分全得不失金言／六斎念仏衆等敬白」の文字が刻されている。七分全得、つまり死者追善供養における得分をも逆修によって全得しようと願うのは六斎日の念仏講に結衆した人々である。さらに、美祢市にある室町末期の五基も「懺法講」「念仏講」に関連した遺品である。その一つには「地蔵大菩薩本願徳椿／一結講衆各敬白」とあり、現世での利益と来世の極楽往生を願う人々が信仰集団を形成し、彼らは徳椿を唱導師として釈迦三尊をはじめ弥陀三尊、地蔵一尊等の種子板碑を造立していることが知れる。

むすびに

本県の板碑をその形式により分類すると、自然石を削ったままのものと完備した卒都婆形の二種類に分けられる。遺品の八割は前者の自然石板碑で占められ、建仁二年浄西寺碑を筆頭に各時代にわたって県下の各地域に広く分布している。これに対し整形化された卒都婆形は全体的に基数も少ない上に、武蔵型と九州型の二系統が存している。九州型はともかくも武蔵型に文応二年銘の虚空蔵山碑をもつことは特筆されよう。今後はこの遺品の造立背景を明らかにすると同時に関東の遺品との比較も必要である。これを機会に板碑への関心が高まり、新たな遺品の発掘と研究が展開されることを期待したい。

【注】

（1）小川五郎「防長金石文の研究」（『考古学雑誌』二〇―八、昭和五年）。

（2）内田伸「山口県下の石造美術」（『山口県文化財』三・六・一〇、昭和四十九年）、兼重宗和「防長の板碑」（『史正』六、昭和五三年）、同「防長の石塔婆」（『山口県地方史研究』四一、昭和五十四年）、拙稿「板石塔婆の成立と展開」（『徳山大学論叢』七、昭和五十一年）。

（3）服部清五郎（清道）『板碑概説』（昭和八年）一一七頁。

（4）拙稿「初発期の板石塔婆」（立正大学史学会編『宗教社会史研究』所収、昭和五十二年）。

（5）拙稿「永仁六年萩大井浦の角柱塔」（『史迹と美術』五〇七、昭和五十五年）。

（6）兵庫県神崎郡福崎町の神積寺にある弘安九年（一二八六）弥陀一尊種子碑なども火山岩からなる同形式の遺品である。

三　文禄の役と吉川氏

――紀伊高野山所在の吉川氏関連史料――

はじめに

和歌山県（紀伊国）高野山は弘法大師空海開創による真言宗の根本道場であるが、ここでは一般に石造物二〇万基といわれるように、たくさんの五輪塔や石仏・宝篋印塔・板碑などを目にすることができる。中でも高野山町石道に建立された長足五輪卒都婆はつとに有名であり、板碑も金剛界大日種子バンを顕刻した建治二年（一二六七）銘を筆頭に正和元年（一三一二）金剛界四方仏種子銘など、真言密教の根本道場に違わない古遺品が存する。

さて、本稿で取り上げる吉川氏に関係した史料は、前記正和元年銘の近くに現存する文禄三年（一五九四）銘の五輪種子板碑である。この遺品は板碑として特別の造形や意匠を有してはいないが、刻銘に後述のごとく「芸劦吉川云々」「高麗國□□唐衆合戦時討死」などと興味ある事柄が記されている。板碑は周知のように、中世末期にはその歴史的使命を終えて日本史上から徐々に姿を消している(1)。右の文禄三年銘も板碑としては終末期相当遺品であり、造形的には何ら気を止めるほどのものではないが、刻銘による造立内容に、ある歴史事実を知らせる貴重な記述が存するのである。

したがって、この遺品に対しては早くから先学の注目するところで、管見《かんけん》に触れたものだけでも天岸正男氏や巽三郎・愛甲昇寛氏などの業績が存する(2)。天岸氏は高野山所在の板碑九基を紹介した中でこの文禄三年銘にも言及され、銘文はところどころ文字が不分明のため解釈が難しいとした上で、人名の吉川某については『身自鏡』の作者玉木（置）土佐守吉保に連なる人物を比定している。しかし、これは間違いであり、この板碑を「高麗国討死碑」と称しながらも、その具体的な様相や意義については何ら言及していない。また、後者の巽・愛甲両氏の『紀伊国金石文集成』は県下の金石文史料を集大成したもので、その全容を知る上に裨益《ひえき》するところ大ではあっても、収録されているのは遺品の写真と銘文が主であるから、本稿で取り上げる文禄三年銘板碑について学問的照射が及ぶのは天岸氏の論稿以来実に二十四年ぶりと言ってよい。

さらに付言するならば、右の文禄三年銘板碑はわが国の朝鮮国出兵時の史実を刻むのみでなく、それが岩国藩吉川氏に直接関係しているところから、日本史を研究する上に二つの意義を有している。仄聞《そくぶん》によると、岩国市では市制施行六十周年を記念して平成十二年には『岩国市史』の新たな編纂を予定しておられる由、本史料が県外に所在する吉川氏関係史料として地元の歴史叙述に活用されることは、この史料に新たな価値を付加することであり、その機会もそう遠くないことを確信している。

(一)　文禄三年五輪種子板碑

板碑の所在地は高野山の奥の院で、玉川を渡り弘法大師御廟に向かう道路右側の一隅である。周辺は墓地に区画され墓石が林立し、ちょうどこれらの区画造成のため玉川畔の片隅に追いやられたように同時代の板碑が数基雑然と置かれており、その中に文禄三年銘が存する。寄せ集めであるから傾斜したり横倒・前倒など格好は様々であるが、文禄三年銘は高さ（地上）一二六・〇センチ、幅五一・五センチ、厚さ二〇・〇センチの花崗岩製中型碑である。形態は塔頂部山形、その下に幅六・〇センチからなる一条の横帯を有し、塔身は左右に幅七・〇センチの竪枠を浮き彫りしている。整形板碑の特色である塔頂部山形と横二条の切り込みのうち、後者の二条の突帯が一条に変化しているのは造立年代の推移によるものと判断される。

左右の竪枠取りを除いた幅三七・五センチ、高さ（地上）一〇五・〇センチの塔身には、まず上部に直径一三・〇センチの円形を左右に陽刻し、主尊にはキャ・カ・ラ・バ・アの五輪種子を大きく顕刻したその下に、三行にわたって次の銘文を記している。

藝刕吉川内□与三右衛門尉春□文禄三甲午歳
為源菴麟性禅定門　　施主又平欽言
於高麗國□□唐衆合戦時討死　正月二十六日

考証に入る前に文字の判読について注記すると、前記『紀伊国金石文集成』は一行目の第六字を「掾」、同第十四字を「禎」としているが、筆者の手拓では両字とも判読は困難である。ただし、同書に紀年銘を「文禄三甲午年歳」とするのは間違いで、同様に三行目の銘文を「於高麗國□□衆唐衆合戦云々」とするのも誤りであり、この機会に訂正したい。

さて銘文の解釈であるが、二行目に刻された源菴麟性禅定門の菩提を弔うために、又平なる人物が施主となってこの板碑を造立したことが知られる。そして一、三行目には吉川内□与三右衛門尉春□が高麗國において唐衆と合戦し討死したことを記しているが、これは故人の生前の事歴・死因を述べたもので、したがって、被供養者の源菴麟性こそは吉川内□与三右衛門尉春□その人であろう。また、紀年銘の文禄三歳（歳は年の代字）正月二十六日を一行目と三行目に分記していることから推測すると、これは施主の又平が板碑を造立した年月日であって、故人の死亡日ではない。又平は源菴麟性のために、安芸国からは遠く離れた紀伊高野山にわざわざ板碑を建立するぐらい

写真Ⅲ—12　文禄3年五輪種子板碑

であるから、両者の親密性は当然予想されるが、いま銘文から知り得ることは、文禄三年正月二十六日に又平が源菴麟性のために高野山に板碑を造立したことだけであって、源菴麟性即ち吉川内□与三右衛門尉春□はいかなる人物か、また、彼が討死した高麗国での唐衆との合戦とは何を指すかなど、依然不明のままである。施主の又平だけでは手懸りは得られないが、右に述べた被供養者が判明すれば、又平の出自はもちろん両者の関係もおのずと明らかになるであろう。

なお、「吉川内□与三右衛門尉春□」の解釈について、与三右衛門は仮名（通称）であり、春□は本人の実名と考えられる。問題は「吉川内□」と「与三右衛門尉春□」との関係で、吉川を春□の名字とするか、あるいは春□は吉川氏に連なる人物と解釈するかは、今のところ断定を控えねばならない。

(二)　銘文の人名

銘文の冒頭に「藝刕吉川云々」とあるように、板碑が造立された文禄三年（一五九四）は吉川氏の岩国入部以前である。岩国吉川氏の系図で言えば、元春は秀吉の九州征伐に参陣し天正十四年（一五八六）小倉の陣中で死去、また、元春の後を継いだ元長も翌十五年六月日向国都於里（宮崎県西都市都於郡町）で病死しているから、文禄三年時点での吉川氏当主は元春の三男で兄元長の死により家を継いだ広家（初名経言）である。彼は文禄三年の六年後、つまり慶長五年（一六〇〇）の関ヶ原の戦直後に、出雲国富田から周防国岩国に移ってくるが、板碑造立時は出雲国富田十四万石の領主であり、そのことは銘文に「藝刕吉川云々」とあることと齟齬する。しかし、岩国吉川氏の本貫が安芸国大朝本荘（広島県山県郡大朝町）なることは周知であるから、その事実を芸州吉川云々と表記したと考えれば論証の妨げとはならない。問題はそのことよりも安芸吉川氏の血脈、なかんずく元春・元長・広家三代の系図中に、与三右衛門尉春□なる人物を見いだし得るかであって、それがいま不可能であるために、吉川氏の血脈を越えて対象を家臣まで広げ、仮名の与三右衛門（尉）と実名の春□を手懸かりに被供養者に迫ろうとする試みがなされるのである。

かくして天岸氏は、毛利氏の家臣玉木土佐守吉保の著と言われる『身自鏡』（天和三年）に「玉置太蔵左衛門、与三右衛門、四郎左衛門と云□是は子孫さへも無レ之」とあること(3)に注目され、「玉置（木）与三右衛門」なる人物を文禄三年銘板碑の被供養者に比定されたが、右人の実名は「吉政」であって春□ではない(4)。玉木氏は毛利氏の家臣であるから、時には吉川氏の旗下で活躍することもあり、吉川氏との関係を全面的には否定し得ないが、右の玉木与三右衛門吉政の場合は生没年すら不詳である上に、彼の周辺には板碑を造立した又平なる人物を発見することができない。何よりも仮名の与三右衛門を手懸りに探索するなら、玉木氏以外にも「蔵田与三右衛門房貞(5)」（慶長五年七月晦日死）、「内藤与三右衛門尉元栄(6)」（元和八年死）なども存するわけで、いずれも毛利氏家臣であるが板碑の被供養者には該当しない。

ところで、板碑に刻まれた人名を直接捜し出すという手法はしばらく置いて、吉川氏の先祖および文脈を考究す

図Ⅲ—1　吉川氏略系図[9]

経義[1]—友兼[2]—朝経[3]—経光[4]—

- 経高[5]（安芸吉川）—経盛[6]—経秋[7]＝経見[8]—経信[9]—之経[10]—経基[11]—国経[12]—元経[13]—興経[14]＝元春[15]—元長[16]＝広家[17]—（下略）
- 経盛①（播磨吉川）—経家②—経景③＝経朝④＝師経⑤—経世⑥—経雄⑦—経敦⑧—経為⑨—経賢⑩—経重⑪—経綱⑫＝春誠⑬—家久⑭＝家重⑮—（下略）
- 経茂①（石見吉川）—経任②—経世③—経氏④—経義⑤—経康⑥—兼祐⑦—経典⑧＝経安⑨—経家⑩—経実⑪—正実⑫—正両⑬—正倫⑭—安治⑮—（下略）
- 経信①（境氏吉川）—経久②—経春③—経方④—経任⑤—経実⑥—経利⑦—経房⑧＝経易⑨—経輝⑩—経貫⑪—春度⑫＝家正⑬—（下略）
- 経時（駿河吉川）

＝養子関係

ると、安芸国大朝荘を本拠とした安芸吉川氏以外にも同族の存することが知れる。吉川氏は藤原氏南家の一支流で、駿河国入江荘吉河邑（静岡県清水市）に居館を構えた経義を始祖とする(7)。在地名により吉川氏を称したが、初めは吉香・木河・吉河などの文字を用いた。二代友兼は正治二年（一二〇〇）鎌倉幕府に叛き西走中の梶原景時一族を倒し自らも戦死したが、その功により三代朝経は播磨国福井荘（姫路市南西部）の地頭職に補任され、また四代経光は承久の乱の戦功により安芸国大朝本荘の地頭職を与えられて、五代経高のとき要害で肥沃なこの谷盆地に本拠を移すことになる。経高は安芸吉川氏の始祖であり、その十二代後が岩国に入部した広家である。

経高の弟たちは各々分割譲与の所領に根を下ろすことになるが、次男経盛は播磨国福井荘、三男経茂は安芸国大朝荘内鳴滝の地を与えられた後岩見国の豪族永安氏の女を妻として岩見吉川氏の始祖となり、四男経信は長兄経高に臣従して大朝荘内の境・田原・竹原一分の地を与えられ境氏を称した。五男の経時は駿河国吉河邑を領したが、一代で姿を消している(8)。

したがって、吉川氏の血脈を調べようとすれば、嫡流の安芸吉川氏以外の庶流についても配慮しなければならず、中でも注意すべきは播磨吉川と境氏吉川の両系統である。境氏吉川については前述のごとく、始祖の経信は長兄経高の家臣として仕え主従の関係となったので、同じ吉川姓を憚り居所の地名により境姓を名乗った。また、次男経盛系の播磨吉川も四代経朝までは吉川姓であったが、経朝・師経の兄弟はともに安芸大朝本荘の境に居住していたので経朝の後を継いだ五代師経から境氏を称している(10)。ただ、吉川氏の各分脈は人名に代々「経」を通字として付け、実名からはその実態を把握できないが、播磨・境氏吉川とも十二代頃に至ると経字に代わって「春」を付けた実名が頻出してくる。播磨吉川で言えば十二代経綱が途中から春通と名乗り、十三代には春誠（春信）もいる。

一方境氏吉川の場合は十二代に春度、その傍系には後述のごとく春行・春時・春久・春豊・春忠などと名前を連ねている。そしてこれらの人名が吉川氏の嫡流安芸吉川十五代当主の元春に由来することは間違いなく(11)、前述の板碑銘にある吉川内□与三右衛門の実名春□も、文禄三年という年次からして彼らと同時代の人物であることが予想される。

(三)　吉川氏分脈の系図・譜録類

そこで、右の事実を確認するため吉川氏分脈の系図や譜録を求めて岩国市にある岩国徴古館を訪ねると、同館には吉川氏が家臣に命じて各家の系譜を録上させた『御家中系図』が所蔵されている。成立は幕末の安政三年（一八五六）以後であるが、その原拠となっているのは岩国藩および各家に伝来する系図や譜録等であり、人名の傍らには幼名・通称・受領名、それに生没年・年齢・事歴などの添書も見られる。

『御家中系図』中に境氏吉川の流れを汲む「境　務家筋」系図がある。同家は始祖経信から経久、経春へと続く境氏吉川の中でも嫡流に属するが、十代経輝には経俊・経胤の二人の弟がおり、彼らは独立して家を起こしたのでその庶流系図も収められている。これによると、経俊の後を継いだのは次男の春時で、彼は幼名を与三郎、通称を「与三右衛門」と称していたことが知れる。また、春時の事歴を記した添書には「文禄二年正月廿三日朝鮮巳州江南ニテ討死、諸所軍功多、父経俊ノ家相続討死跡弟之春久ニ家筋譲」と、彼は文禄二年（一五九三）正月二十三日の朝鮮国坡（巴）州江南(12)での戦いで討死したため、弟の春久が家を継ぐに至ったことを述べている。すなわち、春時の通称と事歴からして、彼こそ前述の高野山板碑にある「与三右衛門尉春□」であって、最初に掲げた「藝劦吉川内云々」への疑問も、春時の出自が境氏吉川の分脈に位置することを考えればおのずと氷解されよう。その前

図Ⅲ—2　御家中系図（境　務家筋）（岩国徴古館所蔵）

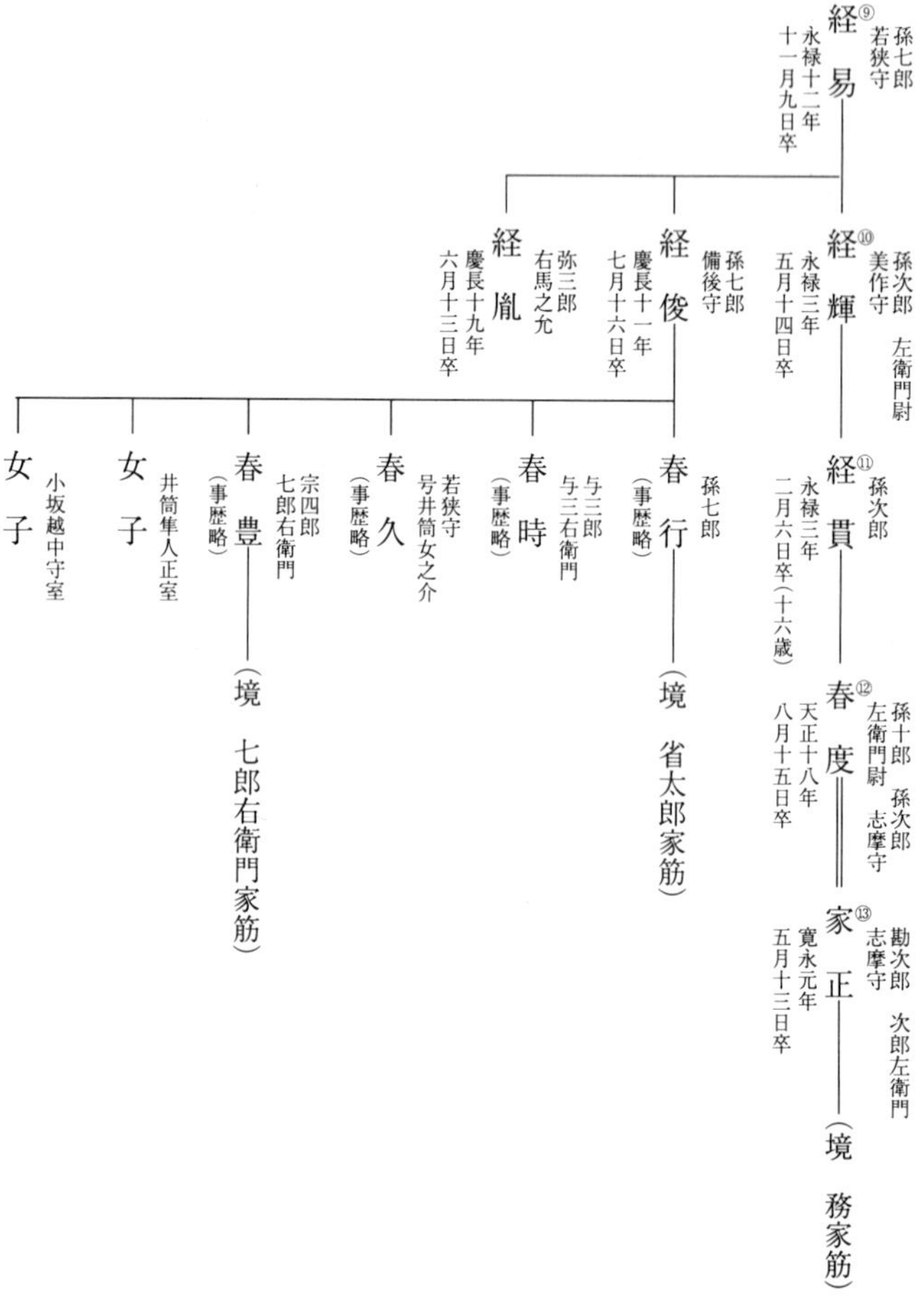

孫七郎 若狭守
経易⑨
永禄十二年十一月九日卒
孫次郎 左衛門尉 美作守
経輝⑩
永禄三年五月十四日卒
孫次郎
経貫⑪
永禄三年二月六日卒（十六歳）
孫十郎 孫次郎 左衛門尉 志摩守
春度⑫
天正十八年八月十五日卒
勘次郎 次郎左衛門 志摩守
家正⑬
寛永元年五月十三日卒
（境　務家筋）
孫七郎 備後守
経俊
慶長十一年七月十六日卒
弥三郎 右馬之允
経胤
慶長十九年六月十三日卒
孫七郎
春行
（事歴略）
（境　省太郎家筋）
与三郎 与三右衛門
春時
（事歴略）
若狭守 号井筒女之介
春久
（事歴略）
宗四郎 七郎右衛門
春豊
（事歴略）
（境　七郎右衛門家筋）
井筒隼人正室
女子
小坂越中守室
女子

に春時の法名について、吉川昭夫氏[13]所蔵の『系譜吉川』及び『吉川家先祖法名記并年号考』にはともに「源菴林鏡」とあり、板碑銘の「源菴麟性」とは発音は近似しても下の二文字が違っている。これは何かの手違いによって生じた偶然と考えられるが、強いてその起因を探れば、安芸国からは遠く離れた紀伊高野山に板碑を造立したことが挙げられる。板碑の製造場所はもちろん高野山かその近辺であり、そのことはこの板碑の形式・意匠などが中国地方よりは近畿地方の同時代遺品と特色を同じくしていることを指摘すれば十分であろう[14]。

文禄三年銘板碑の考証の中で閑却してならないのはこの板碑の造立者「又平」の存在である。ところが、この又平と称したのは春時の討死後彼の後を継いだ弟の春久であって、そのことは『御家中系図』（境　七郎右衛門家筋）に「春久／又平、若狭守、井筒女之助」とあり、同様の記事は『御家中系図』（境　省太郎家筋）にもある。又平即ち境春久こそは高野山板碑に「施主又平／欽言」とあるまさにその人なのである。

写真Ⅲ—13　万福寺跡地蔵像容板碑
（広島県世羅郡世羅町堀越）
高さ71、幅26、厚さ25（㎝）花崗岩製、無紀年銘

最初にも述べたように、高野山所在の文禄三年銘板碑は被供養者の源菴麟性こと与三右衛門尉春□と造立者の又平をセットで考えることによって謎が解ける。いま考証の結果を再説すると、境春時は通称を与三右衛門と称し、文禄二年正月二十三日に朝鮮国坡州江南で討死し法名を源菴林鏡と称したこと、春時の没後は弟の春久が後を継いだが、彼は通称を又平と称してい

たことなどから判断して、該件の高野山板碑は、境春久が兄春時の死を悼んでその菩提を弔うために造立したものと結論づけることができるのである。

板碑の被供養者が境春時と判明した上で、再び銘文の「吉川内□与三右衛門尉春□」の意味および不明文字を推測すると、上の□には「境」が下の□には「時」の字が入って、「吉川内境与三右衛門尉春時」と書記したものとすればもっとも妥当なように考えるが、上の字を「衆」と読み、「吉川内衆与三右衛門尉春時」と解する余地も残されている。何分筆者手拓による文字の判読が困難であるため、これ以上の言及は避け、後日改めて現地を訪ね再調査することにしたい。

(四) 朝鮮国碧蹄館の合戦

ところで、境春時の死亡について板碑には「於高麗國□□唐衆合戦時討死」と記している。高麗は一三九二年に李氏朝鮮が成立する前の国名であり、唐も唐朝というよりは当時の中国（明朝）を指しているから、春時は朝鮮国における明軍との合戦で討死したのである。右の銘文はその合戦が朝鮮国のどこで、いつ行われたかの具体的記述を欠いているが、前記『御家中系図』（境　務家筋）には「文禄二年正月廿三日朝鮮巴州江南ニテ討死」とあり、また、同（境　七郎右衛門家筋）には「文禄二年巳正月廿六日於朝鮮国討死」と記している。合戦の日次については「正月廿三日」と「正月廿六日」の二説があっても、年次についてはともに文禄二年（一五九三）であり、合戦場所に関しては「朝鮮国巴州江南」としている。これらの事実からして右の合戦がわが国の朝鮮国への侵略、即ち文禄の役（壬辰倭乱）での出来事であったことは容易にうなずけるであろう。

豊臣秀吉の下命で肥前国名護屋に集結した諸大名は、いよいよ文禄元年三月十三日に朝鮮国への出撃となった(15)。文禄の役の開始である。都合一五万八千七〇〇人の軍勢を全九番に編隊し、一番隊小西・宗軍一万八、七〇〇人、二番隊加藤・鍋島軍二万二、八〇〇人と続く中に、吉川広家は兵五、〇〇〇人を引き連れて七番隊の毛利輝元軍三万五、〇〇〇人と合流、日本軍は釜山—忠州—漢城（京城）と快進撃を続け、五月二日には漢城を無血開城した(16)。これ以後日本軍は加藤軍と小西軍の二手に分かれてさらに北進することになるが、朝鮮国においては李舜臣が水軍を指揮して反撃、また、朝鮮国王李昖の依頼による明の援軍も到着して平壌駐留の日本軍を襲うなど、戦況はまさに一進一退をきわめた。

明国からの第二次援軍は四万もの大軍で、大将李如松に率いられた軍勢は同年十二月に鴨緑江（アムノック川）を渡り、翌文禄二年正月五日には平壌の小西軍を包囲したため、小西軍は堪らず漢城に撤収した。小西軍を追撃して漢城に迫ろうとする明軍と漢城に集結した日本軍との間には、来るべき決戦を目前にしてしばらくの間睨み合いが続くが、宇喜多秀家を総大将とする日本軍は漢城の外で迎撃する作戦を立て、その場所として漢城の北方約二〇キロにある碧蹄館を選んだ。碧蹄館は平壌・義州への宿駅であり、その地形は南北に長い渓谷をなしているため、明軍の包囲作戦は不可能と目論んでのことである。両軍の戦闘は正月二十六日に開始され、結果は野戦を得意とする日本軍が碧蹄館で細長くなった一〇万の明軍を撃ち破り、李如松は平壌へ逃げ去った。この戦の勝利によって日本軍はそれまでの軍事的劣勢を挽回し、日明間に講和への機運が持ち上がってくるのである。

ところで、右の合戦の中で文禄二年正月の両軍の睨み合いから同月二十六日の碧蹄館開戦に至るまでの約二十日間の様子が不詳である(17)。小西軍を追って漢城を陥れようとする明軍に対し、これを迎撃して漢城を死守しようとする日本軍との間には、決戦の到来を予期して様々の戦略がめぐらされるのは当然で、そのときの様子を『芸侯三家誌』『吉田物語』等によって詳述すると、同年正月五日平壌の小西軍を包囲した明軍は、漢城に向けて敗走する小西軍を追って開城に着陣した。これに対し漢城の日本軍は連日諸将が集会して明軍の防戦策について協議し、毎日物見張番を出して警戒を強めることにした。

正月二十五日は宇喜多秀家の番で当日の張り番が坡州・江陽辺まで行ったところ、江陽の坂本にいた明軍の伏兵に急襲され退却した。翌二十六日は小早川隆景の番で、家臣の井上五郎兵衛、粟屋四郎兵衛、桂宮内少輔など三千余人に立花宗茂の配下千人ばかりが加わって出掛けることになったが、吉川広家は翌二十七日が物見番に当たるので、今日の様子を見計ろうとして福富与右衛門と境与三右衛門の二人に鉄砲隊百余人を添えて遣わすことにした(18)。漢城より八キロばかり進軍した所で敵の先陣百余人が馳せ来て立花勢と対戦、立花勢は逃走する敵兵を追ってさらに四キロばかり進攻すると、江陽の郷中に立錐の余地も剰さず充溢した明軍の本隊を発見、肝を冷やして立ち竦んでいるところへ福富・境の両名が駆けつけてきたという。ここは引き退くべきと福島・境の両人は退却したが、途中で立花勢を追撃してきた明軍と対戦する羽目になり、境与三右衛門は衆寡敵せず遂に討死したのである。

都では明の大軍によって立花勢が討たれ、味方難儀に及んだことを受けて即刻評定が開かれ、石田三成、増田長盛、大谷吉継の三奉行は一夜陣した後一戦すべしというのに対し、黒田長政、吉川広家、宇喜多秀家は即刻追撃を主張、後者の意見に従って攻撃開戦の結果は日本軍の大勝利に帰したという。これらの記述は前掲『御家中系図』（境　七郎右衛門家筋）の境春時の項に「朝鮮国御退治之時為物見罷越処ニ大明之勢共取囲ム、文禄二年巳正月廿六日於朝鮮国討死」とあることと一致する。

ところが、すでに紹介した『御家中系図』（境　務家筋）の境春時項には「文禄二年正月廿三日朝鮮巴州江南ニテ討死」とあり、春時の死去は前述の碧蹄館の戦があった文禄二年正月二十六日ではなく、その三日前の正月二十三日であったことを告げている。巴州は坡州の誤記で、開城と漢城の間にある坡州郡の邑名であるからもちろん漢城を出た地域であり、討死とあることから推測するとそれは前哨戦での死去となるであろう。この正月二十三日説を取っているのが他ならぬ『陰徳太平記』である。同書によると、漢城の日本軍は明軍の動静を探るため物見張番を出すことになったが、その順番は正月二十二日が宇喜多秀家、二十三日は小早川隆景、二十四日は吉川広家で、問題の吉川氏家臣福富与右衛門、境与三右衛門の両人が鉄砲隊三〇人を連れて明軍の偵察に出たのは正月二十三日の小早川氏当番の日であったとしている。物見の途中で碧蹄館後方に待機する明の大軍を発見、退却の途次立花軍を追撃中の明軍を鉄砲で迎撃したが、境与右衛門は敵兵の弓矢に眉間を射られて落馬したと、死去時の様子をリアルに記述している(19)。

右の『陰徳太平記』の記述を前記『芸侯三家誌』『吉田物語』と比較すると、その全体的ストーリーは一致していながら双方の軍勢や右に述べた物見出兵の日付などが違っている。これら記述の不一致は古記録の中でもとくに戦記類に至ってはよく目にするところで、右の場合もそうした一般的理解のまま等閑することもできるが、しかし記述の不一致は単に事件の端末的な問題に留まらない。すなわち、『陰徳太平記』に従って正月二十三日に福富・境の両人が物見に出兵したとすると、この直後に展開される碧蹄館での戦いは果たしていつかということになる。同書の記述は福富・境の物見出兵と立花軍の敗退に日を置かず、日本軍本隊の出動による明軍との決戦という書き順になっており、したがって、碧蹄館の戦いも文禄二年正月二十三日のこととしているのである。そのことを端的に示しているのが石田三成から吉川広家に宛てた次の感状(20)であって、『陰徳太平記』の著者はせっかくこの古文書を本文に引用しながらその日付を「文禄二年正月二十四日」と誤読したために、宇喜多・小早川・吉川の物見順番を実際よりも三日繰り上げ、福富・境の物見出発と境の討死を正月二十三日と記したのである。

昨日之御手柄無是非次第候、仕合之段珍重
存候、以参雖可申入、却而如何候条、先以使者
令申候、猶面拝之節可申述候、恐々謹言
正月廿七日　　　　三成（花押）
吉川蔵人丞殿
御陣所

史上有名な碧蹄館の戦が行われたのは文禄二年正月二十六日であることは、この戦い終了後に各諸将に宛てた秀吉の感状によって知ることができる(21)。また、この一戦に自ら出陣し、そのときの様子を記した石州津和野城主吉見氏の家臣下瀬七兵衛尉頼直の『朝鮮渡海日記(22)』も遺っている。これらに碧蹄館開戦時の様子を窺うと、この日二十六日は「在京開城府口に右大明國衆唐人打出て夥敷陣取の間、都中都外の日本諸勢段を作り不残打出四五萬ほどにて大働有之、一先手柳川貮番め粟屋四郎ともに隆景の御人数被出候云々」とあり、一番手の柳川（立花宗茂）勢の出陣はこの日卯刻（午前五時）であったという。深い霞の中を進軍の途次明軍数万騎と戦闘になり、堪えきれず後退のところへ後続の軍勢が駆けつけて日本軍が勝利したことを記しているから、吉川氏手勢の福富・境の物見出兵も正月二十六日の払暁であり、境春時の死去は両軍の本格的な戦闘が開始されるまさにその直前の出来事であったと言えよう。『朝鮮渡海日記』は前掲の『芸侯三家誌』『陰徳太平記』に比べ全体的には記事が簡略であるが、現地での戦況や明軍の武具に言及するなど、実際に戦地に赴いた者ならではの特徴を有している。

(五) 境　春時の人物像

高野山にある五輪種子板碑は、又平こと境春久が兄春時の死を悼んで造立したことはすでに述べたが、板碑に「於高麗國□□唐衆合戦時討死」とある朝鮮国での合戦は、実は文禄二年正月二十六日の碧蹄館の戦い直前に出来した明軍との戦闘であることも明らかとなった。板碑の紀年銘に「文禄三甲午歳／正月二十六日」と記しているのは、これが春時の一周忌での造立供養であると同時に、彼の忌日が「正月二十六日」であることも告げているのである。

時に、境春時とはどのような人物であったろうか。記述の『御家中系図』や彼の生きた時代の戦記類によって略述すると[23]、春時は境氏吉川の十代経輝の弟経俊の次男として出生したが、その年次は不詳である。病身の兄春行に代わって家を継ぎ、永禄三年(一五六〇)に始まる尼子氏との合戦に出陣、また同十一年(一五六八)筑前での大友氏との合戦で分捕の功、翌十二年には大内氏再興の旗を挙げて山口に侵入した大内輝弘を、防府茶臼山に攻めて自殺せしめるなどの戦功を上げている。

永禄年間といえば、吉川氏嫡家の当主は毛利家から入った十五代元春であり、毛利氏の隆盛と相俟って境春時なども元春・元長父子の旗下で東奔西走したが、数ある戦功の中でも勇名を馳せしめたのは天正九年(一五八一)における鳥取城での攻防であろう。羽柴秀吉軍の鳥取城攻囲に対し、吉川元春は鳥取城の北西一・五キロにある丸山城の加番として境春時を差遣した。春時は丸山城に籠城しながらも、羽柴方の城明け渡しを拒否して敵方の使者を殺害、さらには敵陣へ忍び出て大将の藤堂高虎と槍合せもした。丸山城籠城中に敵方から差し入れられた酒肴に対し、返礼に鉄砲の弾丸と火薬二十斤を板台にのせ慇懃に謝礼を述べるなど、春時の剛勇剛胆さは周囲の語り種になっていたようである。だが、こうした彼の気質は時には禍を招くことにもなるわけで、春時落命時の情況を詳述すると、物見に出た福富・境の吉川勢は明の大軍を発見して急遽退散しようとしたが、そのとき春時の家人某は「境殿は終に一度も敵に押付けを見せ給はず、然る故に勇の名も諸人に優れ給ひたるに、今日は何とて臆して敵の未だ懸らざる先に引き給ふや」と言って、轡《くつわ》を取って引き留めたという(24)。春時もその場はいったん去るべしとて退却を始めたが、途中立花勢を追撃して手前にやってくる明軍を相手に一戦を構え、遂に討死したのである。まさに戦国武将に相応しい最期と言わねばならない。

春時の没後は三男の春久（又平、若狭守）が後を継ぎ、翌文禄三年には兄春時のために高野山へ板碑を造立したが、この春久もまたその後武者修行と称して家を出ることになり、境家は結局四男の春豊（宗四郎、七郎右衛門）が継ぐことになった。春久は板碑の造立者でもあり、その事歴には関心がもたれるが、永禄十二年（一五六九）の大友合戦をはじめその後の慶長の役に名前が登場するのみである。ただし『御家中系図』（境　七郎右衛門家筋）によると、春久は日頃長髪で頭には釵《かんざし》を差し、歯に鉄漿《かね》を付けるなど、武芸は達人でありながら奇妙な格好をし、名前も井筒女之助と称したという。また、「吉野奥居住シテ于今有子孫由、古キ系譜ニアリ、死去ノ年号月日不詳」とあるが(25)、その実態については未詳である。

むすびに

高野山にある文禄・慶長の役に関する史料と言えば、薩州島津義弘・家久（忠恒）父子によって建立された慶長四年（一五九九）銘の笠塔婆が知られている。これは文禄後の慶長の役に出陣した島津氏が明・朝鮮の連合軍を泗川に破って大功を挙げ、そのときの敵味方戦死者を供養するために造立したもので、石造物の規模も基礎上三六三センチと大きい。これに対し本稿で紹介した文禄三年銘の五輪種子板碑は、内容が同じ朝鮮国での出来事を記しながらも、造立者が無名に近い人物とあって規模も小さく、後世においても人々から注目されないまま今日に至っている。

しかし、この板碑の歴史史料としての価値は決して少なくはないように思われる。銘文に碧蹄館での前哨戦で討死した吉川氏家臣の名前を刻んでいることのみを念頭に置いているのではない。境春時だけでなく福富与右衛門も明軍の動静を探ろうとして物見に出て、退却の途次災難に遭遇したことは、すでに見たように『芸侯三家誌』をはじめ諸書に詳しく記されている。ただ、これらの戦記類は事件の発生からは遠く離れた江戸時代に編纂されているため、記事の出入や年次・人名等に誤記があってはなはだ信憑性を欠いている。したがって、私たちがこれらを使って歴史叙述をする場合は、依拠する書名を最初に提示することを通例としており、その内容に至ってはより信頼できる史料が存しない限り、真偽を吟味できないのが実情である。

ところが、ここで紹介した文禄三年銘板碑のような実物・根本史料が発見され、その考証の結果は、これに関係した戦記類の史料価値を吟味する機会を提供する。具体的にいえば、吉川氏配下の福富・境の両人が物見に出たのを文禄二年正月二十三日とする『陰徳太平記』の記述は間違いであって、『芸侯三家誌』『吉田物語』の同年正月二十六日説が正しいといえよう。また、ちょうどこの正月二十六日には朝鮮国碧蹄館において日本軍と明軍との間に戦闘が展開されたことを踏まえていえば、右の福富・境に率いられた物見隊と明軍先鋒隊との武力衝突は、史上有名な碧蹄館合戦の発端であったことも判明するのである。

とかく合戦や戦乱といえば、部将や大将クラスの人物名と戦績が喧伝され、結局はそれらが歴史に名を留めることになる。他地方でのことはともあれ吉川氏の地元岩国市においては、市史等に吉川広家の活躍と併せ彼に従った家臣の動きも叙述する必要があろう。その際本稿が少しでも役立てば幸甚である。

【注】

(1) 播磨定男『中世の板碑文化』(東京美術、平成元年) 一五三頁。
(2) 天岸正男「奥院の板碑類一見(上)」(『史迹と美術』四一一号、昭和四十六年)。巽三郎・愛甲昇寛編著『紀伊国金石文集成』(熊野速玉大社、同四十九年)。なお、天岸氏の論考によると、この板碑の計測値と拓影は水原堯栄著『高野山金石図説・上』によって、すでに紹介された旨記されている。
(3) 米原正義校注『戦国期中国史料撰』(マツノ書店、昭和六十二年) 五六五頁。
(4) 山口県文書館編『萩藩閥閲録』第二巻、八二三頁。
(5) 同右第三巻、三七三頁。
(6) 同右第四巻、九二頁。
(7) 『国史大辞典』第四巻(吉川弘文館、昭和五十九年) 一五〇頁。宮川秀雄著『吉川氏五流』(中国プリント社、平成元年)。
(8) 右掲『吉川氏五流』。
(9) 同右、九頁。
(10) 同右、六六頁。
(11) 元春は実名の一字を家臣に与え、主従関係を緊密にしたものと考える。
(12) 板碑銘には高麗国云々とあるが、高麗から朝鮮に国名が変わったのは一三九二年であるから、文禄三年(一五九四)時点では朝鮮国が正しい。また、坡州江南は臨津江(イムジン川)の南方を指している。
(13) 境氏吉川の後裔は二十二代務氏の明治に入って吉川姓に復している。現当主の昭夫氏は務の玄孫である。
(14) 広島県でも同時代に花崗岩製板碑は造立されているが、主尊に弥陀や地蔵の像容を陽刻し、形態的には退化・小形化した遺品が多い。

(15) 前掲『萩藩閥閲録』第一巻、二二七頁。池内宏著『文禄慶長の役』正編第一（吉川弘文館、昭和六十二年復刊）三一〇頁。
(16) 同右、第一巻、二二八頁。
(17) 岩国市史編纂委員会編『岩国市史』上巻（昭和四十五年）一九五頁。
(18) 『芸侯三家誌』（歴史図書社、昭和五十五年）六七四頁。『吉田物語』下巻（長周叢書、明治三十一年）三七頁。
(19) 『陰徳太平記』下巻（芸備風土研究会、昭和四十八年）六〇四頁。
(20) 『吉川家文書之二』（『大日本古文書』家わけ第九）九六頁。
(21) 小早川隆景、小早川秀包、立花宗茂、高橋直次宛の秀吉朱印状は「去正月廿六日大明人数都辺寄来處云々」と、同じ文言が記されている。（前掲『萩藩閥閲録』第一巻、二三五頁）。
(22) 『防長史学』特輯号Ⅱ（防長史談会、昭和九年）所収。
(23) 『吉川家文書』別集（『大日本古文書』家わけ第九）一五六頁。それに前掲『芸侯三家誌』『陰徳太平記』など。
(24) 前掲『陰徳太平記』下巻、六〇三頁。
(25) 『御家中系図』（境　七郎右衛門家筋）。

《付記》

吉川氏関係の史料調査では岩国市の吉川昭夫氏をはじめ岩国徴古館、市立図書館、普済寺等の御協力をいただいた。記して感謝の意を表したい。また、本稿は岩国市民大学「歴史講座」（岩国市教育委員会主催、平成五年度）で話した内容に後日加筆したものである。

四　萩市大井浦の角柱塔

はじめに

山口県の古都萩市から国道一九一号線を東方に向かって三キロ程行くと萩市大井地区に至る。ここは昭和三十年に萩市に編入されるまでは、阿武郡大井村と称し、さらに中世には大井郷として、阿武郡一八郷の惣八幡宮である大井八幡宮が鎮座し、経済・文化の面で大いに繁栄したところである。

大井地区の海岸地帯は古くから大井浦の名をもって呼ばれ、漁村として発達した。ここの国道側の墓地に、近世の墓石と並んで「永仁六年」（一二九八）の紀年銘をもつ石造塔婆が建っている。筆者がこの石塔を採訪したのは今より四年前の昭和五十一年の春のことである。ちょうどこの石塔にも関係のある見島氏の調査のため、大井郷の東隣の紫福郷（現在の福栄村）にある仏光寺を訪ね、帰途ここに立ち寄ったのである。

(一)　石塔の発見

山口県内にある石塔で十三世紀の造立紀年銘をもつのは、大島郡東和町油宇所在の建仁二年（一二〇二）浄西寺板石塔婆や防府市牟礼所在の貞永元年（一二三二）護国寺笠塔婆など(1)、全国的にも珍しい遺品も存するが、数の上では他県に比べさほど多いとは言えない。したがって、永仁六年の紀年銘をもつ大井浦石塔は、山口県金石年表に当然取り上げられるべき貴重な遺品であり、一般的な考え方からすれば、これまでの古文献に何かしらの記載があってしかるべきである。しかし、『防長風土注進案』、『山口県風土誌』に遺漏されたばかりか、『萩市誌』（昭和三十四年）にさえ記載がないのである。

幸い昭和五十年に地元郷土史家によって石塔の存在が知らされ、斯界《しかい》に紹介されることとなったが(2)、しかし、この石塔を板碑の範疇に含め記述することには疑問がある。あえて言うまでもなく石造塔婆は各々の形態と造立内容によって分類され、各自名称が付けられている。もちろん、実際の調査では既成の分類上の定義に合致しない、いわゆる不整形のものや不完全品が発見され、我々の判断を困難にすることが多い。しかし、整形・不整形の問題はこれをつくる材質・技法等と深い関係をもっており、むしろその相違性は地域的・時代的特色として留意すべきで、石造塔婆の分類そのものを安易に考えてはいけない。多くの類例の見分とその比較精査から遺品の本質的特徴を看取しなければならないのである。

如上《にょじょう》の反省から大井浦石塔は、第一に造塔形態および種子銘文等の表現内容から、石造塔婆としての形式上の分類が試行されねばならない。第二には、銘文にあるこの石塔の造立者三善氏について、文献資料と対比の上これまで以上に歴史的考察が加えられねばならない。三善氏は未だ大内氏の勢力が防長全域に及ぶ以前、すなわち鎌倉時代に北長門一帯を支配した豪族である。したがって、その足跡は後述のごとく『三浦家文書』等の文献資料にも記述されているが、甚だ断片的である。大井浦石塔は防長の初発期の石造遺品として貴重であるばかりでなく、その銘文から三善氏のこれまでの研究を補強する極めて大切な歴史的遺産なのである。

(二) 永仁六年造立の角柱塔

近世の墓石群の中にたたずむ石塔は、埋け込みで地上からの高さが一二〇センチあり、幅は下幅三一センチ、上幅二二・五センチ、厚さは下方が二九センチ、上方が二四センチある。下部がやや太めではあるが、全体としては方柱状の形態をなしている。塔頂部は上から七センチとその下四・五センチの箇所に二条の横線を四方に彫り込み、頂上は低い方錐形につくっている。

また、塔身上部には金剛界四仏と思われる梵字種子が薬研彫りされ、その下方に銘文が刻されている。現在の東面にはタラーク（宝生）の梵字と、その下に

写真Ⅲ―14　大井浦角柱塔（正面）

永仁六年戊戌三月十日

三善康朝　沙弥尼　敬白

とある。紀年銘の右側に一行程の文字の形跡が窺えるが、判読はできない。

紀年銘のある面の左側面にはキリーク（弥陀）の異体種子の下に「南无阿弥陀仏」と彫り、右側面の梵字は欠けてはっきりしないがウーン（阿閦）と推定され、その下に「南无阿弥陀仏」とある。

背面は他の三面に比べ、梵字および銘文の彫り込み跡が

見いだし得ない。判読できる梵字種子の三字から、塔身四面には金剛界四仏種子が配してあったものと考えられ、したがって背面の種子はアク（不空成就）かバク（釈迦）であったろう。ただし、各種子が示す方角と現在の位置とはちょうど九〇度ずつずれており、この塔婆がこれまでの間に何かしらの理由で移動があったことを知らせている。

何分、鎌倉時代の造立であるため摩滅欠損が甚しいが、薬研彫りの梵字種子と塔頂部の四周にめぐらした横二条線の彫り込みは深さもあり、この石塔の最も顕著な形態的特色をなしている。ちょうどそれは関東地方や徳島県などに見られる、いわゆる青石塔婆形式の板碑を立体化した姿によく似ている。

しかし、板碑とは違って塔身の方柱形に添うように頭頂部は方錐形につくり、上部には二条の横線をめぐらして

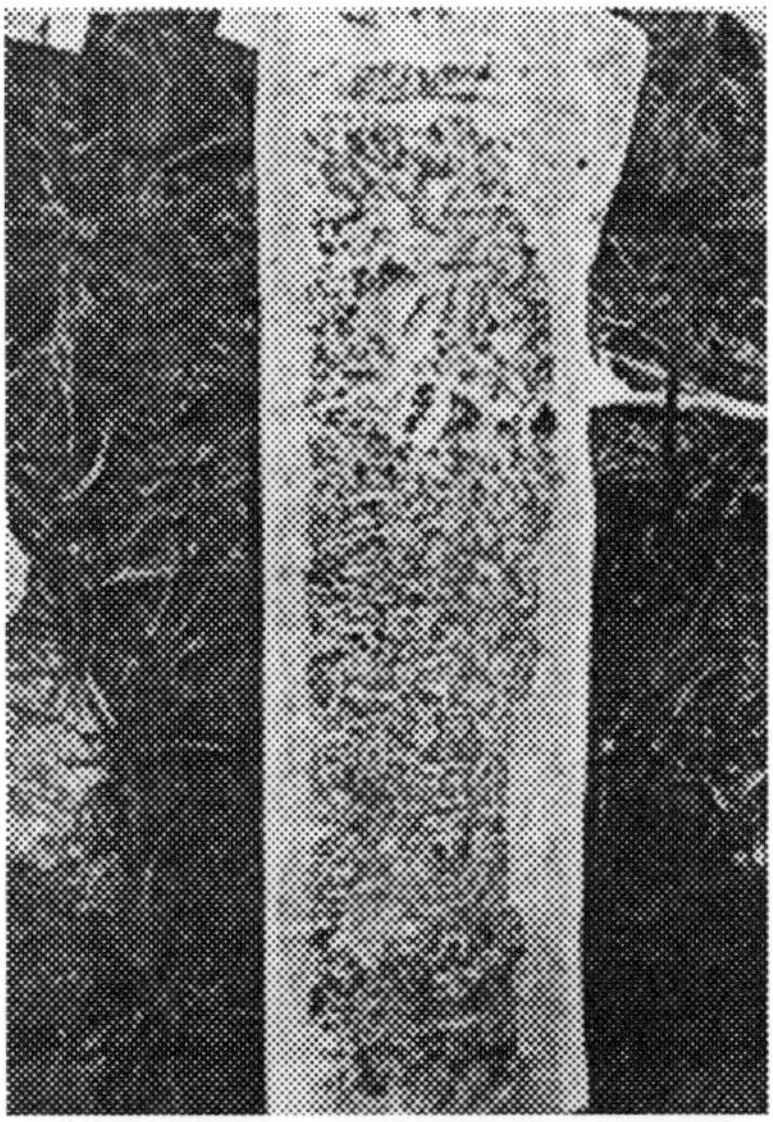

写真Ⅲ—15　銘文拓本

写真Ⅲ—16　塔身右側面

各面には名号を配置している。これはこの石塔が最初から多観面をもつ立体形塔婆として造立されたことを示しており、同じ方柱状でも不整形の自然石板碑とは造塔の趣旨を異にした、全く別途の石造塔婆形式であると言わねばならない。

かつて石田茂作博士は、近世墓石の源流をたずねられ、その先行遺品が鎌倉時代の角塔婆、方柱石であることを例示されるとともに、これらの汎称として「角柱塔」の名称を用いられた(3)。角柱塔はこの大井浦石塔に見られるごとく、方柱状の塔身に方錐形の頭部、さらには上部四面に横二条線の彫り込みをもつことから、他の石造塔婆とは違った独自の造塔形式であり、五輪塔や板石塔婆などと同様その伝統は今日まで保持されているのである。

因みに、最近発行の『新版仏教考古学講座』（第三巻　塔・塔婆編）は、これまでの学問的成果を集大成した最新の報告書であると考えるが、この書の「各種石造塔の例表」中の角柱塔欄に表示された類例は、鎌倉～室町時代にかけて一四例、このうち紀年銘を有するのは九例である(4)。他の収録例からしてもちろん実際はこれだけではないであろうが、それにしても角柱塔の初発期に相当する鎌倉時代の遺例が、奈良市法蓮町の不退寺角柱塔と、同じく奈良県宇陀郡室生村所在の室生寺角柱塔の二基だけとはいかにも淋しい。しかもこの両基は梵字の彫刻、形式、書体から造立の時代が推定されているだけで紀年銘はないのである。

石造角柱塔で紀年銘を有する最初の遺品は、岡山県赤磐郡山陽町千光寺所在の暦応三年（一三四〇）のものである(5)。これは同寺参道の左路傍に存し、途中から半分に折れてはいるものの横幅二七・五センチ、厚さ二六センチの石造方柱の頭部に二線を彫り込み、頂を方錐形にしたこの塔婆形式の典型である。

大井浦角柱塔はこの千光寺のものよりさらに四十二年も前に造立された、有銘の角柱塔としては今日発見されている鎌倉時代唯一の遺品なのである。発見された遺品類例の少ないことは学問的にもあまり顧みられず、したがってこの塔婆形式の存在そのものを甚だ稀薄ならしめる。これまでも角柱塔がともすると板碑の範疇に含めて論じられてきたのは、ただ両者が形態の上で類似しているという理由だけではない。両者の異質性を積極的に強調するだけの角柱塔側の事例報告が乏しかったことにも原因がある。

永仁六年大井浦角柱塔の存在は、これまでの数少ない遺例に新たな材料を補足するだけでなく、この塔婆形式の造立が鎌倉時代にまでさかのぼることを明確にし、わが国の石造塔婆史の流れの中で角柱塔が独自の形態と造立目的をもって展開していることを知らせているのである。このことはまた全国各地で未だ埋もれたままにある類品の発掘に寄与することになるであろう。ここに紹介する萩市大井浦の古遺品がわが国角柱塔研究の呼び水となることを期待したい。

(三)　地頭三善氏の供養塔

角柱塔の銘文にある三善康朝はいかなる人物か、また角柱塔が建っている萩市大井浦地区とはどんな関連性をもっているだろうか。

三善氏がこの地方の文献に登場するのは、管見では『三浦家文書』所収の弘安五年（一二八二）二月付[6]が最初である。この文書は、長門紫福郷所在の毘沙門堂院主職に関する宛行状であるが、その発行人に「地頭三善」とある。

また、同文書の観応元年（一三五〇）十二月十日付[7]の「高木毗沙門堂別当職事」にも「三善朝臣」の名が見え、さらに『八江萩名所図画』椿八幡宮条の元亨元年（一三二一）十二月一日付[8]の「地頭三吉」も字は違っているが、前引の地頭三善と関連した史料であり、これらから角柱塔の三善氏は、大内氏の覇権が未だこの地方に及ぶ以前の十三世紀後半から十四世紀前半にかけて、阿武郡紫福郷を領有した地頭であったことが知れる。

三善氏は前の『三浦家文書』永仁四年（一二九六）七月十四日付(9)には「宗康」とある。大井浦角柱塔が造立されたのはちょうどこの二年後であるから、この角柱塔は三善康朝が父宗康の追善供養のため造立したと推定してはいかがであろうか。

宗康は長門紫福郷の地頭として前述のごとく、同郷毘沙門堂院主職を永禅に宛行った人物と考えられる。同院主職に関係した弘長三年（一二六三）十二月付文書(10)によると、これには「前地頭椿左衛門尉」とあり、したがって三善氏が椿氏(11)に代わって紫福郷の地頭に補任されたのは、鎌倉時代の中頃、宗康の代からであったと推定できる。

むすびに

紫福郷地頭三善氏の出自については、今これを確証するだけの史料が見当たらない。しかし、三善氏の在地史料への出現が十三世紀の後半、つまり元寇の変と軌を一にしていることは必ずしも歴史の偶然とは言えないであろう。鎌倉幕府は蒙古軍の来征に備え、建治二年（一二七六）にそれまでの長門守護を長門探題に改め、長門一国だけでなく山陰山陽の全域を管轄させ、しかも長門警固のために山陽南海の家人まで動員している(12)。このような情勢下で、西国統御のため西遷する幕府御家人に小早川氏・熊谷氏・吉見氏などがおり、三善氏もこれらの一人として外寇上の要地長門国に派遣されたものと見て間違いない。

紫福郷の地頭として入部した三善氏の勢力は十三世紀後半の康朝の代には隣郷の大井郷にも及び、この地に彼が造立した角柱塔は、本拠紫福郷の仏母寺（現在の仏光寺）の創建、同郷毘沙門山域の築城など(13)とともに、三善氏の隆盛を今日に伝えている(14)。

【注】

（1）拙稿「板石塔婆の成立と展開」（『徳山大学論叢』第七号）、同「初発期の板石塔婆」（立正大学史学会編『宗教社会史研究』所収）。
（2）萩市大井在住の郷土史家堀勇氏が発見され、内田伸氏によって学界に報告された。内田伸「山口県の石造美術（五）」（『山口県文化財』第六号）、同「山口県の板碑」（『庭研』一五三号）。
（3）石田茂作著『日本仏塔の研究』一四九頁。
（4）石田茂作監修『新版仏教考古学講座』第三巻六二頁。
（5）最近出版された川勝政太郎著『日本石造美術辞典』（昭和五十三年八月）の用語編角塔婆の項では、大分県宇佐郡安心院町佐田神社の元弘三年（一三三三）のものを例示している。これが前述の角柱塔の形式分類に合致するかどうか、筆者は未だ実見していないのでここでは論評を控えたい。また石田茂作博士は角塔婆の遺例として、岡山県上房郡有漢町の保月山嘉元三年（一三〇五）銘のものをあげているが、これは角塔婆ではなく板碑である（石田茂作著『仏教考古学論攷四』仏塔編、三五頁）。
（6）『三浦家文書』三六（『大日本古文書』家わけ一四）。
（7）『三浦家文書』四〇（『大日本古文書』家わけ一四）。
（8）『萩市誌』八八頁。
（9）『三浦家文書』三七（『大日本古文書』家わけ一四）。
（10）『三浦家文書』三五『大日本古文書』家わけ一四）。
（11）椿氏については、大井明光山経塚出土の康和三年（一一〇一）経筒銘に「銅施主椿武則」とあり、三善氏入部以前からこの地方を支配した豪族である。

（12）建治元年（一二七五）四月十五日、元使杜世忠等の一行が長門国室津に着岸したことは周知であるが、萩市大井地区にも蒙古軍艦の碇石（長さ二八〇センチ、幅中央部三四センチ、両端部二三センチ、厚さ二〇センチの柱形）が今日も残っており、外寇上要地であったことを物語っている（『萩市誌』八七頁）。

（13）御薗生翁甫著『防長地名淵鑑』八七四頁。

（14）三善氏のその後の消息は、例えば永享二年（一四三〇）六月の大井八幡宮棟札に、大願主多々良盛見と並んで「奉行三善康重」の名が現れる。三善氏は紫福郷地頭として入部後この地方に土着化し、南北朝時代に大内氏の防長支配が完成するとその政権下に包含される。

五　角柱塔の成立と展開

はじめに

わが国石造塔婆史における鎌倉時代は、質量ともに黄金時代たるの観を呈している。それは平安末期に成立した多種多様の石塔がこの時代に至って全国に造立分布するとともに、形態的にも一段と整形化されてくるからである。ところで、この時期に出現した石造塔婆は層塔・宝塔・五輪塔など前代末期のものに、新しく出現した宝篋印塔・板碑・角柱塔などを加えると十四、五種類にも上っている。このうち宝篋印塔や板碑は五輪塔とともに石造塔婆の主流をなし、したがってこれらに対する研究も盛んであるが、角柱塔については石田茂作博士の研究以来未だ本格的にこれを取り上げた論考に接していない。

学界がこれまで角柱塔の問題を等閑視してきた理由の第一は、何よりもこの塔形に属する遺品の発見例が極めて少ないことにあろう。因みに、最近雄山閣より発刊された『新版仏教考古学講座』（第三巻、塔・塔婆編）の「各種石造塔の例表」中の角柱塔欄に表示された遺品は、鎌倉〜室町時代にかけて一四例であり、このうち紀年銘を有するのは岡山県赤磐郡山陽町千光寺所在の暦応三年（一三四〇）銘を最古例として、わずか九例に過ぎない(1)。右書はこれまでの論著とは違って角柱塔を五輪塔や笠塔婆などと同様独自の塔婆形態として取り扱った点を評価できるものの、ここに列挙された遺品は石田博士がかつて『日本仏塔の研究』（昭和四十四年）において示されたものにわずか四例を追加したに過ぎないのである。

次に理由の第二は、角柱塔が板碑と形態的に近似しているため、これの類似品あるいは地方的特色をもった自然石塔婆の一種類と思考されてきたことにある。今日においても未だ板碑自身の概念規定が不明確であり(2)、このことが角柱塔の学問的精査及び考究を不徹底にし研究の遅滞を招いているものと推測する。

しかしこうした我々の研究とは別に、この独自の塔形を有した石造塔婆が鎌倉時代には既に成立展開していることを実証する遺品が、奈良・京都から遠く離れた、山口・大分の両地方に存在するのである。筆者は既に前記岡山県千光寺のものより四十二年も古い永仁六年（一二九八）銘の遺品が、山口県萩市大井浦に在することを学界に報告し(3)、前述の石田博士の業績を補足したが、その後の発掘調査によってさらに二二例もの同類遺例が存在することを確認することができた。本稿はこれらの事例から角柱塔の形態的特徴および造立内容について考究し、同塔婆が他塔婆形式のものと同様に十三世紀には独自の塔形をもって成立し、その後も間断なく造立展開されていることを明らかにしようとするものである。

(一) 角柱塔の形態的特徴

石田博士は近世墓石の源流をたずねられ、その先行遺品が鎌倉時代の角塔婆・方柱石にあることを例示されるとともに、これらの汎称として「角柱塔」の名称を使用された(4)。そしてこの塔婆の形態については、「角柱を以て塔としたもので、頭部の形式によって方錐角柱塔、横線方錐角柱塔、方錐下張角柱塔、甲盛角柱塔、平頂角柱塔、二段平頂角柱塔、宝珠角柱塔、蓮蕚角柱塔、擬宝珠角柱塔等に細別される」と、その頭頂及び塔身の特色によって九種類に分類され、さらにこれが単なる石碑や墓標の類でないことは塔身四面に梵字で四仏種子や五輪種子を刻していることから明瞭であり、前記南北朝時代造立の千光寺の遺例をもって「内容外観共にふさわしい仏塔の新種が誕生した」と述べておられる(5)。

また博士は、この塔婆が金剛界の町石として造立された例に徳島県小松市鶴林寺の遺品があるとし、「その誕生が何時であったかはさらに研究する必要がある」と断りながらも、発生については板碑と同様碑伝《ひで》説を主張された(6)。

角柱塔の造立目的および意義については次節で検討することにして、まず上述の石田博士が指摘された形態・内容表現について私見を補足しながらまとめると次のようになる(7)。①塔身は角柱状にし頭頂部を方錐形にしつらえること。②方錐形の頂点は塔身の中心に位置すること。③頭部には横二条の切り込みを四面にわたってめぐらし、その下に額を設けたりもすること。④一石彫成たること。⑤塔身四面に金剛・胎蔵両界の四仏種子又は五輪種子などの梵字による主尊表示があり、その下方に造立趣旨、紀年銘等を刻すこと。これらのうち頭頂部方錐形と四面の横二条の彫刻は、角柱塔が他塔婆と最も異なる形態的特徴であり、この石造塔婆の独自性を主張する根拠でもある。

然してこれらの特色を具備した角柱塔に、最も近似した遺品を既往の塔婆形式に求めるとしたらそれは板碑と碑伝であろう。周知のように板碑はちょうど角柱塔を平面化した形態をしており、殊に青石塔婆形式以外の地方色をもった自然石板碑には方柱上に近い塔身からなるものもあり、一見しただけでは両者は見違える程よく似ている。しかしこれは外見だけのことで板碑の頭部形態を精査すると角柱塔のそれとは全く異なることが理解される。

いま初発期板碑の中から塔身が比較的方柱状に近い延応二年（一二四〇）銘の埼玉県行田市宝蔵寺の阿閦種子板碑を例示すると、これは地上高一四七センチ、横幅は最下で四三センチ上部で三一センチに対し厚さは最大が一五～一六センチあり、青石塔婆形式のものとしては分厚い方である。尖頭部は塔身の正面および側面から見た中央点よりやや後方に位置し、ここを頂点として左右前後に凸形曲面を形成させながら切り下ろすが、背後への切り下ろしは正面よりわずかでかつ粗削りである。また横二条線の切り込みは正面からは側面にもあるように見えるが、実際はその半分までしか及んでいない(8)。つまり板碑には頭頂部を前方および左右側面だけでなく後方にも平面的に削って尖頭形にしたものも存するが、しかし、それはあくまでも正面の整形化に伴う副次的措置であることは、右の例からも知れるように尖頭頂点が前後に一定せず、しかも横二条線の切り込みもせいぜい側面までで、裏面は全く考慮されていないことによって明らかである。

板碑がこれまで多くの発掘例から、塔身正面に仏像や梵字種子を刻した一観面性塔婆であることを顧みれば、右の裏面を考慮しない造作はこの塔婆の造立意義から帰結する当然の結果であると言うべきである(9)。これに対し角柱塔は、正面を主要観面とはしているものの二条線を四周にめぐらし、さらに左右側面および裏面にも梵字種子や銘文を刻すなど、立体的な多観面性をもった石造塔婆であり、板碑とは形態の上からも本質的な相違が認められる。

一方の碑伝は、元来は木製であり胎蔵・金剛の両界によって各形式は異なるが、石造の金剛界碑伝は頭部を剣形に造りその下に二条の刻線をめぐらしている。また塔身上部には額部を設け、下方の地伏部との間は削り取ってここには所願の仏像や梵字を顕現するから法界塔婆とも言われる。したがって、角柱塔と板碑それに碑伝の三者は、形態・内容の両面からも同一の源流から発生した塔婆形式であると推理されるが、現存の遺品で確認する限りでは、碑伝は角柱塔よりも板碑に近似性をもっている(10)。

大分県東国東郡安岐町久米護聖寺所在の正応四季（一二九一）銘のもの(11)は、先学によって金剛界碑伝の典型とされている遺品であるが、これは頭頂を高さ一六センチの山形に尖りその下に二条線を両側面まで切り込み、さらに正面縦一七センチ、横四八センチ、奥行三二センチの額を設けてこれまでを一石としている。身部は高さ一四二センチ、上幅四八センチ、下幅六〇センチ、厚さは上部が二五センチ、下部が三二センチであるから正面の額部は七センチも突出している(12)。しかし、この額の突出は正面のみで両側面および裏面には線刻の形跡もなく、横二条線の切り込みも裏面にまでは及んでいない。また、山形の頭頂部にしても後方に向かって稜線が直線になるように削ってはあるものの裏面は全く考慮されず、したがって山形の頂点は身部の後方に位置している（写真Ⅲ—17）。つまりこの碑伝の形式は正面の額部を突出して立体性をもたせてはいるものの、前述の板碑と同様左右の両側面および裏面を観面としない造り方であって、角柱塔の頂部方錐形・四面額部の彫現とは形態上異質であると言わねばならない。

写真Ⅲ—17　正応4年護聖寺の碑伝（頭頂部）

角柱塔の頂部は磨滅や破損のため中には穏やかな丸味を帯びたものもあるが、頭上の頂点は塔身の中心に位置するように計画されており、完存遺品には方錐の稜線を曲げて先端を尖らせたものさえ存する(13)。これらを見ても角柱塔は板碑や碑伝と同様に頭部と塔身からなる一石彫成の石造塔婆としては最も簡略な形態であるが、多観面性をもった立体形である点では板碑や碑伝とも異質な、それはむしろ五輪塔や笠塔婆などと同じ系統下に属する塔婆であることを窺わせる。したがって、前に紹介した石田博士の角柱塔の源流に碑伝をもってくる考え方は再吟味の必要がある。

(二) 角柱塔の遺例と形式分類

以上のように角柱塔の形態的特徴を規定した上で、これに該当する初発期から十六世紀頃までの石造遺品を年代順に掲げると、次のようになる(14)。

① 永仁六年(一二九八) 山口県萩市大井浦墓地
② 元亨元年(一三二一) 熊本県山鹿市方保田・専立寺
③ 元弘三年(一三三三) 大分県宇佐郡安心院町佐田・佐田神社
④ 鎌倉時代 奈良市法蓮東垣内不退寺道
⑤ 同 奈良県宇陀郡室生村・室生寺
⑥ 暦応二年(一三三九) 大分県宇佐郡安心院町且尾・菩提寺跡
⑦ 貞治二年(一三六三) 徳島県小松島市勝浦町生名・鶴林寺
⑧ 貞治五年(一三六六) 大分県速見郡山香町下山
⑨ 応安元年(一三六八) 徳島県小松島市勝浦町生名・鶴林寺
⑩ 応安元年(一三六八) 同
⑪ 永徳二年(一三八二) 大分県大野郡野津町都原寺田・愛宕宮
⑫ 永徳二年(一三八二) 同
⑬ 永徳二年(一三八二) 大分県大野郡野津町都原寺田
⑭ 永徳三年(一三八三) 大分県速見郡山香町徳野

⑮　康応二年（一三九〇）　大分県速見郡山香町山浦
⑯　明徳二年（一三九一）　徳島県小松島市勝浦町生名・鶴林寺
⑰　南北朝時代　大分県速見郡山香町内河野・西明寺
⑱　同　同
⑲　同　同
⑳　同　同
㉑　同　大分県東国東郡国東町向畑
㉒　同　大分県速見郡山香町石河野
㉓　同　大分県速見郡山香町定野尾
㉔　応永二十五年（一四一八）神奈川県藤沢市西富一丁目・清浄光寺
㉕　文明七年（一四七五）　大分県西国東郡大田村沓掛後野越
㉖　永正三年（一五〇六）　徳島県小松島市勝浦町生名・鶴林寺
㉗　大永二年（一五二二）　福井市安波賀町西山・光照寺跡
㉘　文禄五年（一五九六）　大分県大野郡三重町大辻山頂
㉙　慶長三年（一五九八）　同
㉚　慶長三年（一五九八）　同
㉛　室町時代　和歌山県伊都郡九度山町・慈尊院
㉜　同　石川県珠洲市栗津町・琴江院

㉝　室町時代　　石川県珠洲市正院町・舘家裏
㉞　同　　岐阜県高山市本母町
㉟　同　　同
㊱　同　　大分県宇佐市木ノ内・妙薬寺跡
㊲　同　　同

右の三七基中④⑤⑦⑨⑩⑯㉔㉗㉛㉜㉝㉞㉟の一三基は前述『新版仏教考古学講座』で紹介されたものであるが、他の二四基は板碑、角塔婆、角柱碑などの名称で呼ばれ、一部は造立年代の古さから所在地の県・町指定文化財にはなっているものの学問的には未紹介の遺品である。以下順次これらの事例に検討を加えていくが、各遺品に共通した特色は角柱状の塔身に頂部方錐形をつくり、その尖頭部を塔身の中心にもってくる形式である。ただし遺品の中には頭部四周に切り込んだ横二条線や額の顕現を欠くものもあり、したがってこれらの有無、それに梵字種子の配し方などを考慮して、次の四種類に細分できる。

まず第一の形式は、角柱状の塔身頭頂部の方錐形、さらに頭部四周に横二条の切り込みと額の突出を有する角柱塔としては形態的に完備した遺品で、これに相当するのが③⑥⑭㉑の四基である。③の大分県佐田神社のものは、高さ一三四センチ、横幅二四センチ、厚さ二二センチの角柱状塔身に、縦一二センチ、横二七センチ、奥行（厚さ）二五センチの額部を設けており、額は塔身上端より各一・五センチの突出が見られる。深く四周にめぐらされた二条線から頭頂までは一八センチもあって尖頭部が高く、頂点から切り下ろされた平面は凹型の曲面をなしている。この塔尖頭部の底辺に対する高さの比率は〇・六七である。また阿弥陀三尊をはじめ各種梵字種子を四面に配し、この塔婆に立体感を盛り立てている（写真Ⅲ—18）。⑥は頭頂部が欠けているがその下に横二条の切り込みと額が四面にわたって設けられ、塔身よりも一センチの額の突出がみられる。梵字種子は金剛界の四仏を各面に一字ずつ配している。⑭は③⑥に比べると額の突出は〇・五センチと少ないが、横二条の切り込みがある頭部の横幅に対し方錐形尖頭部の高さは大きく、したがって、この比率も一・〇〇と遺品中最も高い数値を示している。四面に刻された梵字種子は胎蔵界の四仏である（写真Ⅲ―19）。尚、この塔婆の根部には長さ一〇センチの丸型の枘《ほぞ》があり、元来は台上に建立されたことを知らせている。㉑は紀年銘はないが金剛四仏種子を四面に刻し、額の突出も二・五センチと前記③⑥⑭と同様完備した遺品である。殊に頭頂部の形式は③と酷似し、これの底辺に対する高さの比率は〇・三八である（写真Ⅲ―20）。形態から南北朝時代の造立と判断した。

第二の形式は、前者のように額部の突出はないが頭部四面に額の存在を示す線刻がしてあるもので、これには①

写真Ⅲ―18　元弘3年佐田神社の角柱塔

写真Ⅲ―19　永徳3年山香町徳野の角柱塔

写真Ⅲ—20　国東町向畑の角柱塔
（頭頂部）

の永仁六年銘の最古遺品と大分県大野郡所在の永徳二年銘⑪⑫⑬の計四基が入る。①の山口県萩市大井浦のものは埋け込みの地上からの高さが一二〇センチで、塔身は横幅・厚さともに上部が二四センチ、下部が二九～三二センチの方柱状をしている。頭部には縦九センチ、横二四センチの額を線刻し、その上に横二条の切り込みを四周にめぐらしている（写真Ⅲ—21）。尖頭部は一部欠損があるが、塔身中心を頂点として左右前後にそれぞれ凸型曲面を形成させながら切りおろしており、したがって前記のものよりは鈍重な感じを受ける。正面における尖頭部の底辺に対する高さの比率は〇・三二である。また四面には金剛界四仏種子を配し（アクは欠）、キリーク・ウンの両側面には「南无阿弥陀仏」の名号も刻している。⑪⑫⑬の三基も塔身の高さに違いはあるが、横幅、厚さともに二五センチ前後の角柱状塔身とその頭部に額を線刻し、さらに横二条の切り込みを有している。

尖頭部は①よりも剣状を示し、したがってこれの底辺に対する高さの比率は⑪が〇・五二、⑫が〇・五八、⑬が〇・六八という数値となっている。尚、四面に刻された梵字種子は⑪が金剛界四仏、⑫が円相に顕教四仏を額面に、⑬は五輪種子を刻現するといった違いがある。

次に第三の形式は、額の彫刻はないが四周に横二条の切り込みを有し、梵字種子・名号等を四面あるいは一面に刻するもので、これには②⑤⑦⑨⑩⑮⑯⑰⑱⑲⑳㉓㉔㉖㉘㉛㊱㊲の一八基が属する。まず②の熊本県専立寺のも

写真Ⅲ—21　永仁6年萩市大井浦の角柱塔

のは、自然石を粗く削って加工した地上高さが二四〇センチもある塔婆で、頭頂部を山形にし、その下に深い二条線を鉢巻状に刻んでいる(15)。梵字種子のキリークとカーンマーン、それに紀年銘は一面のみにあり、この形式に似るのが⑤⑦⑨⑩⑮⑯㉓㉔㉖㉛などである。つまり、塔身上部に梵字種子の一尊か三尊、又は名号さらには「大界外相」「六丁」などの文字を一面のみに配したもので、一見しただけでは板碑や碑伝などの一観面性塔婆と間違えられるものである。しかし、頭頂形態と四周横二条線の存在は他塔婆形式と異なるこの塔婆独自の特徴であり、これらが立体性をもつ角柱塔の系統下にあることは大分県西明寺所在の⑰⑱⑲⑳の四基と、同県大野郡大辻山頂の㉘が証明している。西明寺のものは貞和四年（一三四八）造立の石造三重塔の四隅に建立された、高さ九〇センチ、幅一五センチ程の角柱塔であるが、この四面には梵字種子と願主名が彫ってあり、また大辻山頂のものも高さ一一六センチ、横幅三五センチ、厚さ二六センチの塔身四面に金剛界四仏種子を配しその下に偈文《げぶん》と紀年銘を刻している（写真Ⅲ—22）。つまりこれらの遺品は前記第一、第二の形式のものより額部の彫現を欠くだけで、他は全く同一の特徴を具備している。したがって、第三の形式のものもたとえ無額ではあってもこの塔婆が多観面性を有する石造塔婆形態として造立されたと判断し、前掲の遺品と同様角柱塔の範疇《はんちゅう》に含めてよいと考える(16)。

写真Ⅲ—22　文禄5年三重町大辻山頂の角柱塔

写真Ⅲ—23　貞治5年山香町下山の角柱塔

最後に第四の形式は、四周の額ばかりでなく横二条の切り込みをも有しない、角柱状の塔身とその頂部を方錐形に削っただけの遺品である。これに属するのが④⑧の鎌倉～室町時代の二基と㉙㉚㉜㉝㉞㉟の室町時代末期造立の六基である。まず④は塔身が角柱状で、頭部をむくりのある方錐形にしただけであり[17]、⑧も尖頭が方錐形になっているだけの塔婆としては味のない形式であるが（写真Ⅲ—23）、前者には塔身四面に梵字で五輪種子と金剛界四仏種子を刻しており、後者には「逆修」の文字と紀年銘が彫っている。したがって、塔形からすると近世墓石に似てはいるが、造立年次および内容表現からこれらが単なる石碑や墓標の類でないことは明らかで、前記の角柱塔の形式が簡略化されたものと推測する。㉙㉚の慶長三年銘を有する大分県大辻山頂のものは横幅・厚さともに三〇センチ程の塔身四面に金剛界四仏種子を円相内にはっきりと刻しており、角柱塔の伝統が近世初期に至るまで保持されていることを知らせている。しかしその反面、㉜㉝の石川県珠洲市の二基および㉞㉟の岐阜県本母町の二基は塔身に宝篋印塔や五輪塔を浮彫したりはしているものの、先頭部も低く、塔婆全体が簡略・小型化している(18)。これは鎌倉時代に石造塔婆として成立し造立展開を見た角柱塔が、室町時代末期には次第にその塔形を退化させ、近世の墓石へと変化していく様相を物語っている。

以上、角柱塔の三七の遺例についてその形態上の特徴および梵字種子の彫現を吟味し、大概四つの形式に分類したが(19)、ここから帰納されるこの塔婆の形式上の特質は、すでに前節でも触れたように、角柱状の塔身に頭頂部を方錐形にしつらえ、その下に横二条の切り込みを四周にめぐらすことにある。額の存在ももちろんこの塔婆の立体性を形成する要件ではあるが、この突出をもつ遺品がわずか四基しか存しないことは、この部分が塔婆造立の隆盛化の中で最も早く簡略化されたことを示している。また、この四基がいずれも九州大分県にあることからこの地方特有の現象であるとも考えられるが、①の現存最古遺品である山口県萩市大井浦のものにも線刻ではあるが額が四面に設営されており、角柱塔が発生した初発期においてはこれが存在したと解すべきであろう(20)。

次に、角柱塔の推移変遷を告げるものに尖頭部の高低と横二条線の彫成がある。角柱塔は前述のごとく方錐形の頂点を塔身中央にもってきて、ここから前後左右に各々平面を形成させながら切りおろす塔形であり、この部分が塔婆造立の意図を最も具現している要所である。尖頭部の底辺に対する高さの比率は各遺品によって差があり、⑭の永徳三年銘の一・〇〇を最高値として他はこれ以下であるが、鎌倉～南北朝時代のものは〇・五以上と尖頭部が高く、したがって各稜線は鋭角化して鋭い塔頭を形成し立体感に富んでいる。これに対し室町時代の遺品は尖頭から切り下ろす稜線がはっきりしているものでもこの比率が〇・五以下と低く、一面から観察すると平面的な感じを与える遺品さえ存する。

横二条の切り込み方もまた右の尖頭部の造作と軌を一にしている。①②③等の初発期の遺品は有額のものでも四周にめぐらされた二条線の切り込みが深く、尖頭部の鋭角とともにこの塔婆の立体感を一層強調しているが、時代が降るに従って彫り方も浅くなり、二条線の間隔も狭くなってくる。しかし、板碑などのようにこれを単に線刻したものは列挙中の遺品には存しない。これは角柱塔が板碑などとは違って、方柱状の石材を用いるため横二条の切り込みを深くしても破損しないという技術上の操作に起因するであろうが、額の線刻化がすでに鎌倉時代においても認められることと併せ思考すると、頭部に横二条の切り込みをすることは頭頂部の方錐形とともにこの塔婆の生命であり、したがって、角柱塔の造立が一般化し塔形が形式化するに至った後代になっても、これを簡略化しなかった証左であると言えよう。ただ横二条線を省略した遺品が南北朝時代以前に二例程あり、これらは右の推測とは矛盾する事実であるから判然とした結論は得られない。

細部の問題はともあれ、角柱塔の成立および展開の過程を形式面から概観すると、まず頭部方錐形と四周に横二条の切り込みと額をもった第一および第二の形式が鎌倉時代に成立し、これが各地方に普及し造立が盛んになる南北朝～室町時代に至って額を省略した第三の形式が一般化し、さらに室町時代も末期になると簡略退化の様相はますます進展し、頭部に二条線すら欠いた第四の形式が出現するに至ったとする解釈が得られると思う。

(三) 造立の目的と意義

前節において、角柱塔が他の塔形をもった石造塔婆と同様に鎌倉時代以降にこれと並行して造立展開していることを確認したが、それではこの塔婆は如何なる目的のもとに造立されたであろうか。個々の事例に表現された内容を検討し、角柱塔の造立目的とその意義について触れてみたい。

石田博士は④の奈良市不退寺道や前記岡山県千光寺の遺品に梵字種子が存することから、角柱塔は単なる石碑類のものではなく仏塔たることを詳述せられ、その成立時期を鎌倉時代末期とされたが(21)、前掲の遺品では角柱塔はその成立の当初から仏塔の中でも供養塔としての意義をもって造立されていることが窺知《きち》できる。

①の山口県萩市大井浦のものは薬研彫りの金剛界仏種子タラークの梵字下に、

永仁六年戊戌三月十日

三善康朝　沙弥尼　敬白

とあり、さらにキリークとウンの各面には「南无阿弥陀仏」の六字名号が刻されている（写真Ⅲ—21）。筆者は前にこの塔婆は当時長門国紫福郷の地頭であった三善康朝が、父宗康の追善祈願のため造立した供養塔であろうと推定したが(22)、このことを少し詳述すると、刻銘にある三善康朝は本塔婆を起塔し塔身の本尊を供養することによって亡父に功徳を得さしめるとともに、本人もまた造塔の功徳にあずかろうとしたのである。この場合故人の菩提を弔うことは確かに起塔の契機ではあるが塔婆造立のすべての目的ではない。このことは右の角柱塔に被葬者である亡父の法名も死没年月日も刻していないことから明らかである。供養塔の一般的な性格はこれを造立したことの功徳にあり、したがって供養の対象は塔婆に刻された本尊、つまりこれの簡略体である梵字種子にあるとしなければならない。

①の永仁六年銘の角柱塔はかかる造立の意義をもつ供養塔婆であり、②の熊本県専立寺のものも梵字種子キリークとカーンマーンの下に「元亨元年九月日」の紀年銘を刻すだけであるが、同趣旨の造立と考えてよい。また③の大分県佐田神社のものは塔身正面と左側面に

キリーク　サ　サク　元弘三年癸酉八月廿三日

願主示阿

アン　マン　導師源秀　秦太子

とあり、他の右側面にはバイーク・ウン・アソカーの三字と裏面にはカーンマーンの一字が刻されている（写真Ⅲ—18）。

さらに⑥の大分県菩提寺跡のものには、四面に金剛界の四仏種子（ただしアクがバクに、ウンがバイに代わっている）と偈文があり、その下に二面にわたって紀年銘と造立趣旨が刻されている（写真Ⅲ—24）。

バイ　無有堅固　右志者為和口

タラーク　観一切法　暦応二天

一結之

キリーク　皆無所有　重源

バク　猶如虚空　白敬

写真Ⅲ—24　暦応2年且尾菩提寺跡の角柱塔

右に引用した四つの例証からも知れるように、角柱塔の初発期の遺品は塔身に配された梵字種子が金剛界四仏を中心に胎蔵界四仏・五輪種子・阿弥陀三尊等と異なってはいるものの、いずれも礼拝対象となる主尊種子を梵字で塔身の主要位置に刻し、その下に偈文や願主・造立者等を表記している。したがって角柱塔は五輪塔や笠塔婆・板碑などとともに供養塔婆の一種類として造立されたことが諒解されるが、しかし一方では⑤⑦⑨などのように何ら主尊表示もない、右の造立趣旨とは違った目的で起塔したと考えられる遺品も存する。

⑤の奈良県室生寺のものは角柱状塔身の頭部を低い方錐形に削り、四周に二条の横線をめぐらしてはいるものの、梵字種子も紀年銘もなく、ただ塔身の一面に「大界外相」の四字を深い箱彫りで大書している[23]。大界は受戒などの臨時の結界を小界というのに対し、広く堂塔・伽藍の境域を意味するから、大界外相は寺院の境内と境外を区別するために建てられる結界石の文字である。古い寺院では仏道修行のため、また僧院生活を規制するために寺域内外にこれを建立しており、室生寺の遺品は角柱塔形の結界石なのである[24]。

この⑤と同じ系統下にあるのが、石田博士によって紹介された徳島県鶴林寺所在の⑦⑨⑩⑯㉖の五基である[25]。これらは整形化された方柱石の頂部を方錐形に削り、その下に横二条の切り込みを四周にめぐらしている点では⑤と同じであるが、方錐部分の高さは各々異なっており、⑦⑯の尖頭形に対し他の⑨⑩㉖は緩やかな斜面を形成している。そして塔身上部には梵字種子の代わりに「六丁」「一丁」「十丁」「五丁」「四丁」の文字と、その下方に紀年銘を彫っている（写真Ⅲ—25）。しかしこれらの丁数がすべて後補であることは、例えば五丁石の別面に「十町」と、十丁石には同じく「九町」と浅い古字が刻っており、他にも新刻の丁数の間に古字「町」の彫跡が残っている。これから後代に町石を据え直した際丁数を彫り改めたことは歴

写真Ⅲ—25　明徳2年鶴林寺の角柱塔

然としているが、しかし建立の当初から町石として角柱塔を使用したことは注目しなければならない(26)。

町石は周知のように寺院の参詣道が長い場合、目的地までの距離を示すために建てられるので造立の目的からすると塔婆としての意味はもっていない。しかしこれが単なる標識でないことは、寺域内に建立されるというばかりではなく、町石に笠塔婆や五輪卒都婆、さらには板碑などを使用し、これを造立した願主は仏・菩薩を供養するという作善を行い、町石を礼拝する人が功徳にあずかるようにするからである。したがって、鶴林寺の町石はこれまでの角柱塔とは造立の意義を異にするが、本体は塔婆であり、京都市醍醐寺の町石として使用する風潮に倣って造立されたものと考えてよい。

右の推測を裏付けるのが大分県寺田に現存する永徳二年銘の⑪⑫⑬の三遺品である。これらはいずれも塔身四面の上方に梵字種子を刻し、その下方に刻銘があり、いま⑪を掲げると次のようである（写真Ⅲ—26）。

ウーン　我法熊雄
タラーク　十町
キリーク　老病死
バク　永徳二壬三月
　　　戌廿一日

「十町」は後刻であり、⑫の「十一町」、⑬の「十二町」も同様である。これは南北朝時代に供養塔として一度造立したものを後代に町石として利用するために町数を補ったことを示している。如上の町石の他に石造層塔を建立した四隅に境界石として角柱塔を利用した例も存する。大分県西明寺の⑰⑱⑲⑳の四基がそれである。西明寺には貞和四年（一三四八）建立の塔高二四五センチからなる石造三重塔があり、この石造のある四角形の周囲は一段高

写真Ⅲ―26　永徳2年野津町寺田の角柱塔

い境界段が設けられ、四隅に高さ九〇センチ、幅一五センチの角柱塔が建てられている(27)。

各塔身には四面に梵字種子と一面に願主名を記すのみであるが、三重塔と同時期に造立されたものと推測される。江戸時代になると奈良県高野山奥院にある結城秀康石廟のように、これを囲う四十九院の塔婆に角柱塔を用いた例も存するが、南北朝時代にこのような遺例をみることは珍しいと言うべきである。

以上遺例に従って、角柱塔が鎌倉時代に供養塔の一塔形として成立しながらも南北朝時代には一部町石・境界石として利用され、これの造立意義が次第に多様化していることを見たが、これは角柱塔が角柱状の塔身と方錐形の頭部からなる立体形塔婆としては最も簡略な形態をしていることや、この塔形が町石・境界石として相応の利便性をもっていることに起因していると考えられる。然して室町時代後期に至るとこの造立上の変遷はさらに進展し、墓塔としても用いられるようになる。

大分県大辻山頂には石幢《せきどう》や板碑など室町時代後期の石造遺品が一九基も存するが、この中に角柱塔が㉘㉙㉚の三基ある。方錐形の頂部下に横二条の切り込みを有するのは㉘だけであるが、この塔身の正面には梵字タラークの下に次の刻銘がある（写真Ⅲ―22）。

南方無垢世界　方衆森蘿之自性
　　　　　　　梵房寄跡仏無縁

為鶴峯妙松大姉　寿位
生妙法蓮口基　耶愉陀羅変成女
心地回春火裡蓮
文禄五年丙申八月十八日修善正天文叔座正周立之

もちろんこれは墓標そのものではない。在地の僧文叔座元正周がこの塔婆の本尊を供養することによって故人（被葬者）に功徳を得させるために建てた供養塔には違いないが、塔身の正面に故人の法名を刻むことはその追善供養を目的としており、供養塔と墳墓との接近を意味している。つまり鎌倉時代の供養塔では角柱塔造立の功徳は起塔者自身にあり、造塔の功徳からすると第二義的な意味しかもたなかった被葬者が、この角柱塔では塔身正面に刻現され、造立の目的を明確にしているのである。角柱塔が供養塔から墓塔へと次第に造立の意義を変化させ、やがて主尊種子や造立者を欠いて被葬者の法名のみを刻した方柱形墓標を出現せしめるに至ることは、前節の形態上の変遷からも窺知されるが、角柱塔の場合は同じ立体性をもつ塔形、つまり五輪塔などに比べるとこの変化は遅いようである[28]。

むすびに

以上、角柱塔の形式および内容について述べたことをまとめると、この石造塔婆の特徴は次のようになる。

㈠　角柱状の塔身に頭頂部は方錐形にしつらえること。

㈡　尖頭部頂点は塔身の中心に位置すること。

(三)　頭部四面には原則として横二条の切り込みとその下方に額を設けること。
(四)　一石彫成であること。
(五)　塔身四面または一面の上部に金剛界四仏などの梵字種子を刻現すること。
(六)　梵字種子の下方には一般の塔婆と同様に、偈文・造立趣旨・願主・造立者・紀年銘などを刻むこと。
(七)　供養塔婆であるが、町石・境界石・墓塔としても造立されること。
(八)　建立安置される場所は寺域内外を問わないこと（境内・路傍・山上・墓域など）。
(九)　台上に乗せて建立したものもあるが、多くは直接地中に埋け込んであること。

もちろん発掘された個々の遺品が右の条件をすべて具備しているというのではない。額や横二条線を欠くもの、あるいは何ら主尊表示をも有しない遺品が存することも既に述べた。しかし前者には梵字種子が、また後者には頭部に横二条の切り込みがあり、しかも角柱状塔身と頭頂部方錐形を共有している場合は、これらを角柱塔と認めねばならない。

そもそも、石造塔婆の形式分類は、その塔婆が有する固有の形態的特色を根拠として成立している。角柱塔の場合で言えば、塔身と頭頂形態の特殊性が他塔婆とこれを区別する要因なのである。梵字種子等の内容表現の彫刻は、造立の意義を知る上に不可欠ではあるが、形式分類の観点からすると各対象の形態上の欠落を補足する副次的手段でしかない。

本稿で掲げた遺品が先学のこれまでの研究では、角柱塔・角塔婆・方柱石・方柱碑・板碑などと名称においても識者によりまちまちであることは、石造塔婆を分類する際の概念規定に混乱があったからである。学問が常に先学の業績を批判し進展することを考えると、本稿で掲げた三七基の遺例以外に角柱塔の遺品が発掘され、今後さらに小稿が補足発展せられることを期待したい。大方の御示教を乞う次第である。

【注】

（1）この遺品は総高二〇五センチ（ただし途中で折れている）、横幅二七・五センチ、厚さ二六センチの角柱状塔身に釈迦三尊種子と銘文を刻し、頭頂部は方錐形に削ってあるが、横二条の切り込みは正面と左右側面までで背面は加工の形跡がない。したがってこれを角柱塔とするのは間違いであり、先学の研究からこの遺例を除外すると角柱塔の有銘最古遺品は時代がさらに下がることになる。

（2）拙稿「板石塔婆の成立と展開」（『徳山大学論叢』第七号）。

（3）拙稿「永仁六年萩大井浦の角柱塔」（『史迹と美術』五〇七号）。

（4）石田茂作著『日本仏塔の研究』一四九頁。尚、博士は佐伯啓造編『塔婆之研究』（昭和十八年）所収の論考「我国における塔形の種類と其の系統」においては「角塔婆」の名称を用いているが、昭和四十四年刊の前記著書では名称を「角柱塔」に改めている。

（5）同　右　三六頁。一五〇頁。

（6）同　右　三九頁。尚、角柱塔の発生および源流については本稿とは別に起稿の予定である。

（7）石田博士が分類された九種類のうち方錐下張角柱塔以下の七種類は江戸時代に入ってからの遺品であり、これらは角柱塔形の墓標であるから石造塔婆としての考察からは除外する。（後藤守一『墳墓の変遷』一九四頁）。

（8）石田良志「展開初期青石塔婆の頭部形態について」（『史迹と美術』四〇一号）による。

（9）大分県東国東郡国東町赤松には正仲三年（一三二六）銘の両面板碑があるが、これは例外と言うべきである。

（10）識者によって同一の対象を板碑と言い碑伝と言っている如く、形態からだけでは区別し難い程両者はよく似ている。

（11）身部には阿弥陀三尊種子と紀年銘が刻しているが、紀年銘は磨滅し現在では判読できない状態である。ただし、かつて天沼俊一博士が「正応四季」と読んで以来定説となっている。

（12）筆者の調査による。

(13) 例えば後述の大分県宇佐郡安心院町佐田佐田神社の元弘三年（一三三三）銘など、完全遺品には尖頭化したものが多く存する。
(14) 注記するもの以外は筆者の実地調査による。未調査のものに関しては次の著書を参考にした。望月友善『大分の石造美術』、多田隈豊秋『九州の石塔』、石田茂作『日本仏塔の研究』、同『新版仏教考古学講座』第三巻、永山卯三郎『続岡山金石史』など。
(15) 多田隈豊秋、前掲書三七七頁。
(16) ㊱㊲の大分県宇佐市所在の二基は、頭部に横二条の切り込みが四周にめぐらされているものの、梵字種子の彫跡は確認できない。ただし先学の調査によると四面に梵字キヤの墨書があったと言われる（望月友善、前掲書一四〇頁）。
(17) 石田茂作、前掲書二七三頁。川勝政太郎『日本石造美術辞典』二二五頁。
(18) 桜井甚一「能登の板碑」（『月刊考古学ジャーナル』一三二号）。
(19) ㉒㉕㉗の三基は実物の写真を見ただけで、調査は未了であるため形式分類から除外した。
(20) ④の奈良市不退寺道の遺品には横二条線も額もなく、しかも紀年銘さえも刻されていない。先学の推定から鎌倉時代の遺品として掲げたが、最近では大和地方に「十三仏」が行われるのは室町時代に入ってからであり、したがってこの塔婆もその頃の造立であるとする説がでている（川勝政太郎、前掲書二二五頁）。
(21) 石田茂作、前掲書一四九～一五〇頁。
(22) 前掲注（3）の拙稿。
(23) 石田茂作、前掲書二七二頁。
(24) 茨城県土浦市宍塚の般若寺には、不整長方形の板状自然石の表面に「大界外相」、裏面に「建長五年癸丑七月二十九日」と刻んだ結界石の古例が存する。けだし角柱塔形のものは奈良県室生寺の遺品が初見であろう。
(25) 石田茂作、前掲書一五〇頁。尚、鶴林寺には角柱塔形のものが一一基存するが、このうち四基は無銘、二基は刻銘摩滅であるため本稿では五基を紹介した。
(26) 石田博士は、和歌山県高野山の長足五輪卒都婆を例示され、胎蔵界が五輪形を町石に使用したのに対抗し造立されたのが鶴林寺の金剛界町石であると、この造立の意義に触れられている（石田茂作、前掲書一五〇頁）。

（27）望月友善、前掲書一二五頁。

（28）墓上に塔婆を造立することは早くから行われているが、墓塔が出現するのは十三世紀に入ってからであり、それには五輪塔が多く用いられている（藤原良志「没年時銘塔婆の発生（下）」『史迹と美術』三五〇号）。古遺品としては寛喜四年（一二三二）銘の宮崎市生目一丁田の五輪塔がある。

Ⅳ　仏像・法具

一　伊藤博文の念持仏

はじめに

明治の元勲伊藤博文は天保十二年（一八四一）九月二日、周防国熊毛郡束荷村（山口県熊毛郡大和町束荷）の農民林十蔵の子として生まれた。幼名は利助、のち俊輔を称し、明治維新後に博文と改めた。

安政元年（一八五四）正月、父が萩藩の中間《ちゅうげん》伊藤直右衛門の養子となったので伊藤姓を名乗ることとなり、居を束荷村から藩都萩へと移すことになったが、幼少時代を過ごした故郷への想いは深く、伊藤は晩年遠祖林淡路守通起の三百年忌供養に際し、束荷村に遺る生家そばに木造二階建の別邸を建築した。

この別邸は伊藤没後山口県に寄贈され、伊藤公記念館として県教育会が管理した。また、昭和二十七年(一九五二)記念館は地元大和村へ無償で払い下げられ、公民館として利用される傍ら、伊藤の遺品を展示し公開した。その後建物が老朽化したため、平成四年(一九九二)に始まる伊藤博文公生誕百五十年記念事業で新たに伊藤公資料館が建築され、旧館は県指定有形文化財・旧伊藤博文邸として保存されることとなった。

ところで、同七年に新装オープンした伊藤公資料館には旧館から引き継いだ遺品約一五〇点に、伊藤の大磯の別荘滄浪閣で使用されていた家具や衣服、硯、筆などの日用品も加わり、かなりの賑わいを見せているが、その中に伊藤博文の念持仏と称される高さ一〇センチ余の厨子入り小金銅仏像が存する。伝え聞くところによると、この仏像は伊藤が生前自身の守り本尊として肌身離さず秘蔵したものと言われ、明治四十二年(一九〇九)十月の満州国視察の際にも携行、同月二十六日ハルビン駅頭で凶弾に斃《たお》れた伊藤の傍らにあって、その最期をも見届けた逸物である(1)。

ただし、この仏像が大和町に寄贈されたのは今より七年前の平成四年二月であるから(2)、伊藤の没後この仏像はどこに潜んでいたか、この点にも関心が及ぶ。また、生前の伊藤がこの仏像をどこの誰から入手し、しかもこれをなぜに自身の守り本尊としたか。この仏像と伊藤との接点が最重要課題であることは言うまでもない。

この度、大和町教育委員会はこの小金銅仏を文化財に指定するに当たり、厨子内にハンダ付けで固定されていた仏像を底部から剥がすことを了承された(3)。後述するように、厨子内奥壁と仏像背面下部の蓮華座から框座《かまちざ》にかけては刻銘があり、従来のように仏像が固定されたままでは十分な調査が不可能であったからである。刻銘の確認ができたのを機に、これまでの先学の研究や証言を踏まえながら、この仏像の製作年代と最初の所持者を明らかにし、後の秘蔵者である伊藤との関係についても言及したい。大方のご批正を賜れば幸甚である。

㈠　伊藤公と念持仏

仏像を紹介し考証を行う前に、伊藤博文の仏像入手の経緯について関係者の証言や先学の業績を紹介しながら略述したい。

⑴　仏像入手の経緯

伊藤が仏像を入手したのは明治二十六年（一八九三）、すなわち彼が第二次伊藤内閣を組閣し首相在任中と推定される(4)。また、伊藤の女婿の末松謙澄は公の没した翌明治四十三年に「藤公遺物」と題した一枚物の書を遺している(5)。末松はこの中で「最初鎌倉八幡宮々司箱崎氏カ温泉寺ヨリ得テ、後ニ氏ヨリ公ニ伝ハリシモノナリ云々」と、伊藤はこの仏像を鎌倉の鶴岡八幡宮宮司の箱崎氏より入手したが、鶴岡八幡宮より前は静岡県熱海市の温泉寺に旧在したことを知らせている。同様の証言は里村千介著『藤公美談』にも収められ、この方では鶴岡八幡宮宮司が明治初年の神仏分離令発布で所持していた仏像の処置に困り、手放すに至った旨を付記している(6)。

一方、仏像を入手した伊藤については、右の「藤公遺物」に「旅行等ニハ必ラス携帯セラレシナリ」とあり、これを入手した翌二十七年正月には、東京目白の雲照律師に依頼して十七日間に二十一度もの霊像開眼の供養を行っている(7)。また、普段居宅にある時は杉板製の外厨子を造ってこの中に安置したり、旅行等で外出の際は仏像の入った内厨子を緞子《どんす》の袋に入れて携帯するという丁重さであった(8)。かねてより伊藤と親密な関係にあった永平寺六十四世森田悟由は「恒此霊像ヲ念持シテ暫クモ相離ル、コト無シ」と語っており(9)、伊藤はこの仏像を自身の守り本尊として終始肌身離さず捧持尊崇していたことが窺われる。

日頃自室に安置し、あるいは携帯したりする個人的信仰の仏像を念持仏と言い、既に奈良時代から出現している。

京都慈照寺内の東求堂のように持仏堂を造ってその中に安置される大規模なものを除くと、大抵は像高四、五〇センチ以内の小金銅仏・小木彫仏であるのが特色で、したがっていま伊藤が入手した小仏像は大きさや安置の仕方からして、まさしく彼自身の念持仏と言えよう。

関係者の証言によると、彼は日頃この仏像を他人には見せぬようにしていたようであるが[10]、携行中に仏像の右手に持つ宝剣が紛失したため、その修理を森田禅師に依頼した。禅師は早速工人に命じて補修を行い、明治四十年二月八日に伊藤の許へ仏像を還しているが、その時の添書[11]には

夫レ虚空蔵菩薩ハ大荘厳国ニ住シ、福徳威力ヲ以テ衆生ヲ摂取シ、智慧弁才寛広無礙猶ホ虚空ノ如シ、能ク諸仏ノ正法蔵ヲ持シテ常ニ無量ノ功徳財ヲ運出ス、依テ大虚空蔵ト称ス云々

と、この霊像の功徳を説き、さらに「今ヤ侯君ノ勢望威徳今古ニ卓越ス、而シテ常恒此霊像ヲ念持シテ暫クモ相離ル、コト無シ、豈ニ弥虚空蔵裏ノ大士ニアラサランヤ」と、政治家伊藤を称賛し激励している。

(2) 熱海市温泉寺に旧存

ところで、この虚空蔵菩薩像が鶴岡八幡宮に移る以前に熱海市の温泉寺に存したという証言は重要である。なぜなら温泉寺は南北朝時代に後醍醐天皇の近臣として活躍した万里小路(藤原)藤房の開創と伝えられる寺院であり[12]、このことはいつの間にか右の小仏像についても、これが藤房と関係ある遺物とする伝承を生むに至ったからである。事実、同寺には藤房手植の松[13]や遺髪塔と称する五輪塔なども現存し、温泉寺と藤房との関係はすでに江戸時代から人口に膾炙されていたようで、天明四年(一七八四)に諸国漫遊の途次熱海に立ち寄った沢元愷は、温泉寺で藤房の伝承や遺品を見て感激し、『温泉寺記』一巻を残している[14]。

したがって、伊藤博文が問題の小仏像を入手した明治二十六年頃には、たとえ伝承とは言え、温泉寺旧在の小仏像が万里小路藤房縁りの品であるということは一般に知られた事実であり、伊藤ももちろんこれらのことを承知の上で入手し、自身の守り本尊としたのであろう。末松が前掲の「藤公遺物」の冒頭で、

虚空蔵、元藤原藤房卿遁世ノ後頸ニ挂《か》ケテ廻国セシモノニテ、後チ熱海ノ藤房寺（温泉寺）ニ遺リシモノヲ云々

と語っているのも右の伝承を受けてのことであり、こうした認識は当の本人である伊藤自身のものでもあったと言えよう。つまり、伊藤の仏像入手の動機がその宗教的観念よりもこの遺品の有する歴史的意味に存したことは重要であり、これの持ち主であった万里小路藤房への想いが入手の当初から伊藤の念頭にあったと言わねばならない(15)。

ところが、この仏像の最初の持ち主は万里小路藤房ではなく北畠親房であるとする説が一方に存する。これは『藤公美談』の著者里村千介が森田悟由禅師の談として紹介しているもので、「公爵秘蔵の虚空蔵菩薩は鎌倉鶴ヶ岡八幡宮に在ったもので、北畠親房卿が兵馬倥偬《こうそう》の間に、肌身離さず持て居られた守本尊で云々」とあり(16)、森田禅師は前に紹介したごとく曹洞宗総本山永平寺六十四世で、伊藤も深く推服した禅僧であるから、右の記述はあながち虚構とばかりは言い切れない。

万里小路藤房といい北畠親房といい、双方とも後醍醐天皇の近臣で南朝の功臣たることに変わりはないが、鎌倉幕府が滅亡し建武新政の開始後には二人の政治行動に顕著な違いが見られる。後述のごとく藤房は後醍醐天皇の政権が発足した直後の建武元年（一三三四）十月に、突然政界を隠退し出家後行方を晦《くらま》したのに対し、親房は後醍醐帝亡き後も南朝の柱石として活躍し、南朝不振の続く中正平九年（一三五四）四月に没している。

伊藤が念持仏を求めた際、それが単に南北朝期の遺品であるに留まらず、この持ち主への想いが大きく作用して

いるとしたら、右の両説に対する吟味は大切であり、それは従来の伝承や伝聞の域を超えた論議でなければならない。両者の関係史料を学問的に吟味し、具体的に論証する作業が俟《ま》たれるのである。

(二) 南北朝時代の遺品

(1) 金銅製の虚空蔵菩薩像

山口県熊毛郡大和町の伊藤公資料館に現存する小仏像は、伊藤博文が生前に念持仏として秘蔵した遺品であることはすでに述べたが、これの歴史的価値を考察するに当たり、まず小仏像の像容や銘文等の紹介から始めることにする(17)。

写真Ⅳ—1　厨子入りの虚空蔵菩薩像

仏像は厨子入りの立像で、宝冠をいただき、彫眼・三道を刻む。右手は屈臂《くつひ》してほぼ直角に上げ、手先に宝剣を持ち、斜め上に上げた左手には宝珠を執る。この像容は普通に見る虚空蔵菩薩の姿で、左肩から条帛をつけ、両側対称に天衣を垂らして蓮華座の上に立っている。右手に持つ宝剣については、前述のごとく明治四十年に補修復元しているが、その後も再び紛失したらしく、現存の仏像右手には宝剣の柄だけが残り、剣の部分は欠失している。

仏像の品質は金銅製の一鋳造りで、蓮華座の下にある框座の底部は銅製の厨子底部上面とハンダで固定され、仏像が厨子内で移動したり、取り外しができないように工夫している。これは携帯中の破損や紛失を防止するための配慮と推察されるが、従前のごとく仏像を固定したままでは厨子内奥壁の銘を読み取ることができないので、冒頭に述べたごとく、今回はこれを取り外して調査に十全を期すことにした。因みに像高は六・一センチ、蓮華座・框《かまち》座《ざ》を含めた総高は八・三センチである。

一方、厨子は観音開きで両扉の表面上部には各々卍を陰刻し、扉の止め金具は向かって右から左に差し込み、厨子本体と扉は同質の鋲《びょう》でかしめて付着する。厨子全体は楕円形の筒状をしているが、後方部上端に小さな長方形の孔を二か所対称の位置に穿《うが》っている。これは紐を通すためのもので、笈《おい》や匣《はこ》に入れて携帯する際の利便を考慮しての措置と考えられる。厨子の総高は一一・〇センチ、上部横幅は五・一糎、同奥行は四・〇センチである。

伊藤はこの厨子入り金銅仏を入手後、杉板製の外厨子を造って保存し、また、外出時には外厨子を残し内厨子のままを緞子《どんす》の袋に入れて携帯したりしている[18]。秘蔵者のこうした丁寧で細かな配慮もあって、小金銅仏は右手の宝剣を欠失するだけで原型のまま伝存し得たと言えよう。

(2)　銘文の読解

銘文は厨子内奥壁と仏像の背面下方の蓮華座から框座にかけての二か所に存する。まず、厨子内奥壁銘から紹介すると、仏像の裏側に当たる湾曲面に、次の縦六行の文字が陰刻されている。

扶　桑　禮　場

奉　経　供　養

為
丙子五月廿五日　忠死
己丑正月五日　菩提
文和三暦
遁倫隠士

また、仏像を支える蓮華座と框座の背面を削って平面を作り、そこに「侃山《かんざん》拝」と縦に三文字を陰刻している。

銘文からすると、南北朝時代の文和三年[19]（一三五四）に遁倫隠士なる人物が日本国内の各礼場（霊場）に教典を納めるか、あるいは読経しながら巡錫《じゅんしゃく》したことが知れ、その際この厨子入り仏像は念願成就のため遁倫隠士によって携行されたことが推察される。そして、巡錫の目的が銘文中央の「為／丙子五月廿五日／己丑正月五日／忠死／菩提」にあることは言うまでもなく、ここに記された紀年銘や遁倫隠士が何を意味するかの問題はあるにしても、この小金銅仏がわが国南北朝時代の歴史と関わりをもつ遺品であることは一目瞭然と言えよう。

写真Ⅳ―2　厨子内奥壁の刻銘

末松謙澄は前述の「藤公遺物」で「丙子五月廿五日ハ楠公忠死ノ日、己丑正月五日は小楠公忠死ノ日ナリ、蓋シ藤房卿大小楠公ノ忠死ヲ弔セシナリ」と注記し、巡錫した人物にまで言及している。確かに、刻銘には「文和三暦」とあるから、この年の干支、つまり「甲午」を中心に考えるべきで、もちろん右の「丙子」や「己丑」はこれより以前のこととなる。かくして計算すると、丙子は文和三年の十八年前、南朝の年号で言えば延元元年（一三三六）に相当する。右の銘文にある「丙子五月廿五日」は実は「延元元年五月廿五日」のことであり、この日はまさに楠木正成が摂津湊川の戦いで敗死した日なのである。

同様に、「己丑」年は文和三年の五年前、正平四年（一三四九）に相当する。「正平四年正月五日」は特に重大事件は発生していないが、この一年前の「正平三年戊子正月五日」には楠木正行および同正時が河内四条畷で高師直・同師泰軍と対戦し敗死しており、金銅仏銘の方はこの事実を一年間違えて彫ったものと解せば納得できなくはない。いずれにしてもこの虚空蔵菩薩像は、大小楠公の菩提を弔うために製作されたものであるというのが先学の解釈であり、紀年銘下に刻された「忠死／菩提」の四文字が右の解釈を一層説得力あるものにしている。

(3)　天正本『太平記』と「侃山拝」

楠木正成・同正行父子の菩提を弔うための製作とあれば、当然これを携えて全国の霊場を巡錫した人物は限られてくる。しかも楠公父子と同時代人となれば、ともに南朝に加担した人物であり、相互に面識を有していたことも想定される。ただし、銘文にはなぜか「遁倫隠士」とあるだけで実名を匿している。名称からして俗世間から離れた人、出家僧や雲水の姿が浮かんでくるが決め手には乏しい。

前述のごとく、「遁倫隠士」をめぐって先学の学説も二つに分かれている。一方は万里小路藤房であるとするのに対し、他方は北畠親房を主張する。

藤房は熱海市温泉寺の開創と伝えられる人物であるから、右の金銅仏には最初から彼の遺品であるとする伝承が付随している。その上藤房は権大納言宣房の長男として永仁三年（一二九五）に出生し、後醍醐天皇の近臣として正二位中納言にまで昇進したが、建武新政発足直後の建武元年（一三三四）十月に突然政界を退き隠遁した[20]。その後出家し行方を晦していることから推理すると、刻銘の遁倫隠士を名乗るに最もふさわしい人物と考えられる。ただ、藤房は出家後土佐へ下向の途路船が風波に遭い溺死したと記したものもあり[21]、刻銘の文和三年（一三五四）は彼が隠遁した建武元年から二十年後であることも、にわかには賛成しがたい理由となろう。

また、北畠親房の場合は彼の没したのが文和三年四月であり[22]、これはまさに金銅仏の紀年銘と同じ年である。これから全国行脚に出掛けようとする人物と、この四月に帰泉した人物とを同一視することは当然無理があると言わねばならない。

ただ、こうした閉塞情況に一条の光明を投げかけるのが、金銅仏のもう一つの刻銘、すなわち虚空蔵菩薩像の下部蓮華座と框座背面に刻まれた「侃山拝」の銘文である。実はこの刻銘について末松も「立像背面下部ニ侃山拝ノ三字ヲ刻ス、藤房卿落飾後自ラ侃山子ト称セシコト正史ニ見ユ」と注記しているが[23]、史料そのものを掲げて言及はしていない。彼は『大日本史料』の建武元年十月五日の条に引用された『太平記』諸本の注記を見て記したものと推測される。

周知のように、万里小路藤房遁世のことを詳しく述べているのは『太平記』である。ただ、『太平記』には数種類の写本が伝来しており、そのどれを底本とするかによって記事に多少の相違が見られる。例えば古活字本による『日本古典文学大系』三五などは、藤房遁世の様子について、彼が石清水八幡宮の行幸に供奉した後、京都北山の岩蔵[24]へ行って不二房という僧を戒師に出家したことを記しているだけで、藤房の出家後の消息については何ら言及していない。しかし、正二位中納言兼右衛門督で検非違使別当の地位にあった藤房の突然の隠遁は人々の関心事であったと見え、『吉野拾遺』や『尊卑分脈』『正法山妙心禅寺記』などは、藤房のその後の消息についても伝聞

写真Ⅳ―3　仏像背面下方の刻銘

まじりの記事を載せている。こうした藤房の隠遁に関わる『大日本史料』所載の文献の中で、唯一藤房が隠遁後に「侃山主」と称したことを報せているのが天正本『太平記』であり、これを引用した『参考太平記』の記事を『大日本史料』が注記しているのである(25)。

ところが、この天正本『太平記』が平成八年に小学館より初めて刊行され、孫引きでなしに直接これを披見することが可能となった。右書には、北山の岩蔵で出家後同地を立去った藤房について、次のように記している(26)。

この人終に散聖道人となり、侃山主とぞ申しける。草鞋跟底《そうあいこんてい》に月を蹈《ふ》み、桂杖頭辺に雲を担ひて、江湖遍参せしが、何なる前世の宿業にかありけん、土州下向の船中にて風波の難に侵され、帰泉し給ひけるこそ哀れなれ。

散聖道人とは世を捨てた修行者のことで、前の「遁倫隠士」に通じるものがあろう。また、「侃山主」は山中での生活を楽しむ主という意味に受け取られ(27)、藤房の隠遁後の出家名であることは言うまでもない。そして、この「侃山主」が小金銅製の虚空蔵菩薩像背銘に「侃山拝」と記された人物と同一であることはほぼ疑い得ないであろう。

唯一の気懸かりは、藤房こと侃山が土佐へ下向の船中で遭難され、帰泉したという件である。この記事が文和三年（一三五四）とどう関わるかは極めて重要であるが、『太平記』の成立そのものが応安末年（一三七五）から永和年間（一三七五〜七九）頃と推定されていることを勘案すると(28)、彼の死は文和三年以降の可能性が高い。なぜかといえば、侃山の消息を述べた前述の記事は『太平記』の原型が成立した後に付加されたと考えられるからである。そればかりか藤房の死去を直截《ちょくせつ》に「康暦二年（一三八〇）三月二十八日、八十五歳」と記した文献まで存する(29)。これに従えば、侃山は文和三年の巡錫後二十六年間も生存したことになり、甚だ好都合な結果となるが、ただしこれは京都妙心寺二世授翁宗弼を藤房の後身と記した『正法山六祖伝』に依拠している。両者が果たして同一人物であるか否かについてはこれまでも多くの議論があり(30)、筆者も本稿とは別に一稿を草したいと考えている。したがって、右の『正法山六祖伝』の記事を本稿では傍証史料として掲げるに留めたい。

（4）全国行脚の老僧

隠遁後の万里小路藤房、すなわち侃山の消息を知らせる文献は少ないが、『吉野拾遺』には藤房が出家した七年後の興国二年（一三四一）の記事として、大納言洞院実世卿の許へ幼童が届けた一通の文は筆跡から藤房のものであったことや、刑部卿新田（脇屋）義助が越前から来たときの話として、次のことが記されている(31)。（原文筆者意訳）

越前国鷹巣山の山奥に松の葉で葺《ふ》いた庵があり、木葉を集めてむしろとし、平らな石の上には法華経を置いている外は何も存しなかった。しばらくして山路を辿り来る人を見れば、疲れ衰えたる僧が樒《しきみ》を手に帰り、経を読み出した。いかなる人かと名前をきいても答えないのでそのまま帰ったが、藤房卿の御面影がして、再び一条少将をともなってこの庵を訪ねたときには庵主の姿はなく、ただ石の上に

こゝも又うき世の人の問くれは

空行雲にやともとめてん

と書き置きがしてあった。少将は藤房卿に間違いないと思って周囲を捜したが、どこにも姿は見えなかった。

右の記述は多分に著者の好奇心と伝聞に脚色されているが、突如都の生活を捨て行方をくらました公卿の後日譚としては、それなりの現実性をもって迫り来るものがある。前の天正本『太平記』も遁世後の藤房について「草鞋跟底に月を蹈み、桂杖頭辺に雲を担ひて、江湖遍参せしが云々」と伝えているが、実際のところ、隠遁中の彼がどんなことを考え、どこで、どのような日々を過ごしていたかは全く知る由がない。ところが、本稿で紹介の虚空蔵菩薩像の存在によって、彼の晩年の実像をわずかながら垣間見ることができるのである。

すなわち、仏像が安置された厨子銘の文和三年（一三五四）は藤房隠遁のちょうど二十年後に相当する。彼自身も京都北郊の岩蔵で出家した時は未だ壮気盛んであったが、年すでに五十八歳、老齢に達している。この間の過ぎし事柄を顧みれば、主上の後醍醐帝はすでに亡く、楠木正成・同正行父子もこの世の人ではない。南朝の不振が続く中、文和三年四月にはかつての盟友北畠親房も六十二歳で没している。

文和三年は再三記すように虚空蔵菩薩の小金銅仏が造られ、藤房こと侃山が全国の霊場を目指して旅立った年である。彼に出立を促したのは他ならぬこれまで南朝の柱石として活躍してきた北畠親房の死であろう。隠棲の身にある藤房にとって可能なことは、念持仏を懐に主上や旧友の菩提を弔うことであり、彼の最期を確実に伝える史料が存しない現在では、その旅立ちは死を決してのものであったと言わねばならない。

(三) 伊藤公と藤房卿

(1) 南朝正統の時代思潮

伊藤博文が虚空蔵菩薩の小金銅仏を入手した際、この仏像は熱海市温泉寺に旧在した遺品であり、南朝の功臣で同寺の開創でもある万里小路藤房が遁世廻国の折、首にかけて行脚せられたという伝承をもつ逸品であったことはすでに述べた。そして、藤房廻国の目的が楠木正成・同正行父子の菩提を弔うことにあったという事実を伊藤が知ったのは、恐らく仏像の入手後末松謙澄の考証を俟《ま》ってのことと推察されるが、いずれにしてもこれが南朝縁りの遺品であることに伊藤自身は歓びと満足を感じ、より一層愛着・秘蔵の気持ちを増大させていたようである。前掲の末松書[32]に「藤公蓋シ歴史的ニ此物ニ感スル所アリシナリ」とあるのは、まさにこうした伊藤の気持ちを表現したもので、その一端は彼が生前に温泉寺へ金百円也を寄附していることにも窺うことができる[33]。

ところで、伊藤がこの仏像を入手し秘蔵した背後には、日本史、とくに南北朝時代に対する当時の歴史認識が絡んでいることを忘れてはならない。明治期の南北朝時代観が時の思潮として存在したのである。

幕末、朝廷と幕府の対立が激化して倒幕の機運が高まると、尊王派の人々は室町幕府も武家政権である点では江戸幕府と同一と見なし、『大日本史』以来の南朝正統論が反幕的性格をもつに至った。文久三年（一八六三）二月、京都等持院にある足利尊氏・義詮・義満の木像首を三条河原にさらした、いわゆる足利氏木像梟首事件などはその好例といえよう。明治維新によって成立した新政府もこうした動向を継承し、天皇を君主とする国家体制に背反した変則的事態として従来の武家政治を位置づけ、これを非難することによって自己の存在理由を説明したのである。その時、新しい歴史観の支柱となったのが『古事記』と『日本書紀』における日本神話であり、南朝正統論の考え方であった(34)。

伊藤と同時代人の思想行動を熱海市温泉寺の遺物を例証にして述べると、同寺境内には開祖碑をはじめとして明治以降の著名人が寄せた詩歌碑が多数現存する。明治十二年（一八七九）建立の開祖碑には「神光寂照禅師藤原藤房公碑銘並序」とあり、授翁宗弼即ち万里小路（藤原）藤房の業績を検証する内容となっているが、この石碑の篆《てん》額《がく》は太政大臣の三条実美書、撰文は京都知恩院の徹定上人、揮筆は大内青巒である。ただ、この石碑は創建直後に震災で倒壊し、この後熱海を訪れた右大臣の岩倉具視が成島柳北、田中平八の両氏と相謀って同十七年八月に再建しており、この間の同十二年十一月には明治天皇より授翁に円鑑国師の謚号授与のあったことなど(35)、境内の現存碑裏には右の経緯が細かに記されている。

三条実美が温泉寺で詠んだ和歌は「世をすてし君が心は知らねども、跡とふたびの袖ぞぬれぬる」とあり、旧宇和島藩主の伊達宗城は「藤原藤房卿の植ゑ給へりといふ老松を見て」と題し「五百年もみどり栄ゆる老まつに、君がみさをの色ぞ見えける」と、いずれも南朝の功臣藤房を讃える内容となっている。

また、庭中には寒山拾得を彫刻した二つの小碑があり、山岡鉄舟の書で「吾心似秋月、碧潭清皎潔、無物堪比倫、教我如何説」（寒山碑）「東洋海水清水清、復見底、霊源湧法泉、斫水無刀痕」（拾得碑）の詩も見られる(36)。

彼らのほか島地黙雷、秋月種樹、福岡孝悌などが実際に温泉寺まで足を運んで、門前の老松に藤房の面影を偲び詩や和歌を詠じたりするのも、前述の南北朝時代に対する歴史認識が時代の思潮として存在したからである。楠木正成や北畠親房と一緒に万里小路藤房もまた、明治維新とともに日本史上の「忠臣」として復活を遂げたのである。

(2) 天馬の諫

伊藤博文と万里小路藤房を結びつけるもう一つの紐帯は、両者の置かれた政治的立場である。伊藤は明治天皇を、藤房は後醍醐天皇を各々、輔翼する立場にあり、この両者に共通する特殊性は前述の明治期の思潮をも超えて、伊藤と藤房を結びつける確かな要因である。

周知のように、伊藤は明治の三傑といわれる木戸孝允、西郷隆盛、大久保利通の死後、内務卿として政府部内に地歩を固め、明治十四年(一八八一)の政変では対立者の大隈重信を政府から追放し最高指導者となった。翌十五年憲法調査のため渡欧、帰国後は華族制度・内閣制度を創設し、大日本帝国憲法・皇室典範の制定、枢密院設置など天皇制確立のために努力した。同十八年初代総理大臣、同二十一年枢密院議長となって憲法草案の最終審議に尽《じん》瘁《すい》、この過程で伊藤は憲法制定の功臣として天皇の一段と深い信任を得ることになり、「元老」と呼ばれる藩閥最高首脳たちの中でも一頭地を抜く地位に立ったのである(37)。

彼が藤房縁りの仏像を入手したのは明治二十六年頃と言われるから(38)、その時はすでに右の政治的地位を確立した直後のことであり、政治家としてはまさに絶頂期にあったと言えよう。

一方、万里小路藤房は伊藤とは対照的に権門勢家の出身で、父宣房は従一位大納言、弟の季房も正四位下右大弁参議に昇進している。藤房は弁官昇進後、後醍醐天皇の中宮亮を兼ね、元亨三年(一三二三)には蔵人頭に就任、この後参議・権中納言と順調に進んだが、元弘元年(一三三一)後醍醐天皇の討幕の謀が漏れると捕らえられ、翌年常陸国に配流となった(39)。

しかし、同三年五月、鎌倉幕府の滅亡後京に戻り、建武の新政府に出仕して雑訴決断所の要職に就き、武家の恩賞問題の処理に尽力している。新政府の最高決定機関に記録所があり、公家出身の事務官吏と楠木正成、名和長年などの武士が名を連ねているが、これは審理ないし調査する機関に過ぎず、決定はすべて天皇の親裁に委ねられていたのに対し、雑訴決断所は所務相論に自ら裁決を下す権限をもった機関である[40]。元弘三年の創設時は四番制で、各局の構成を見ると上・中級の貴族を頭人・寄人にあて、その下に実務担当の奉行として弁官や武士を配すやり方で、頭人・寄人に名を連ねている人物が後醍醐天皇の廷臣、側近グループたることは言うまでもない。藤房は当初三番局の寄人として、また翌建武元年に雑訴決断所が八番局に拡充されてからは一番局の寄人として重用され、建武新政の中枢に位置していたのである[41]。

ところが、この藤房が新政権発足直後の建武元年（一三三四）十月五日に既述のごとく突然に隠退し、その後忽《こつ》然《ぜん》と行方をくらましてしまうのである。藤房隠遁の理由については様々の憶測がなされているが、一般に知られている『太平記』の記事を紹介すると、藤房の隠遁は新政の非を後醍醐天皇にたびたび直諫したが容れられず、建武新政に絶望しての行動であったという[42]。『太平記』巻第一三には建武元年の事として、出雲の塩冶判官高貞より月毛の駿馬が献上され、太政大臣の洞院公賢以下の公卿たちが宝祚長久の奇瑞として慶賀した中に、独り万里小路藤房が中興政治の弊害を痛論して諫言したことを、次のように記している[43]。

されば、今政道の正しからざるところによって、方星の精化してこの馬となりぬ。人心を蕩《うごか》さんとする者なり。その故をいかんと申すに、大乱の後、民の弊人苦しみて、天下いまだ安からず。この時、執政吐哺《とほ》して人の愁ひを聞き、諍臣表を上って主の誤りを正すべし。百辟《ひゃくへき》は婬楽にして、世の治否を見ず。群臣は旨に阿《おもね》て、国の安危を言はず。これによって、記録所・決断所の群集せし雑訴の人、日々に減じて、訴陳徒らに閣《お》きけり。諸卿これを見て、虞芮《ぐぜい》の訴へを止めて、諫鼓《かんこ》を打つ人もなく、無為の徳天下に及ばしめ、民皆堂々の化に誇れりと思へり。悲しいかな、その迷へる事を。

藤房は中国の故事を引用して駿馬献上を凶事とし、元弘の大乱による人民の疲弊とこれに無関心な為政者の姿勢を責め、折角鎌倉幕府を倒して成立した建武新政から日々人心が離れていくことを心配するのである。そして、今もし武士の棟梁たるべき人物が現れたら、朝廷に不満をもつ日本中の武士たちが彼の許に集まると言い、帝は善政を心懸けられるようにと諫言した。

藤房は当面の急務として、公平なる恩賞の実施と大内裏造営の中止を進言、また、現在の中興政治に対する批判が単に恩賞の不公平にあるばかりでなく、主上のお言葉が掌を返すように簡単に変わることの弊害についても指摘した。こうした藤房の諫言に列席の公卿たちは皆顔色を変え、主上のお顔にも少し不快の様子が見えて、その日の酒宴は中止になったという。ところが、後醍醐天皇は藤房の諫言をお聞き容れにならず、大内裏の造営も華やかな宴席も盛んに行われたので、藤房はこうした状況を諫めかね、「臣たる道、我において尽くせり」と言い残して隠退を決心したというのである。

(3) 輔翼の臣

こうした藤房の言動については、彼の直諫を壮とする一方で、隠忍自重の徳を欠いていると非難することもできる。伊藤博文が藤房の行動をどう評価していたかについてはこれを徴憑《ちょうひょう》する材料を持たないが、前掲の「藤公遺物」に「藤公蓋シ歴史的ニ此物ニ感スル所アリシナリ」とあるのは、小金銅仏が大小楠公の霊を弔った遺物であるというばかりでなく、この遺物の持ち主、つまり前述のような経歴をもつ藤房への想いも含まれていると思うのである。藤房の場合はもちろん伊藤ほどの政治的地位を得たわけではないが、彼の特異性は前述の如き主上への諫言と隠遁にあり、絶対君主の明治天皇に仕える伊藤としても、こうした先人の存在に無関心ではあり得なかったはずである。

確かに、伊藤の政治的立場は明治天皇の信頼によって支えられている。枢密顧問官として明治天皇の側近にあった佐佐木高行の日記を見ると、「伊藤参議ノミハ御信用アリ。実ニ恐縮ノ至リナリト」（明治十四年十月二十日の条）とあって(44)。天皇が並み居る群臣の中でも伊藤を最も信頼していたことが窺える。こうした天皇の信任が一層増大したのが、明治二十年以降の憲法制定作業であったが、明治天皇と伊藤の関係は常に安定していたわけではない。伊藤は政界の重鎮として明治近代国家を双肩に担いながら、近代国家そのものが天皇集権の絶対主義思想に貫かれているという二面性をもっていたからである(45)。

伊藤は憲法制定会議において、憲法制定の目的を「第一君権ヲ制限シ、第二臣民ノ権利ヲ保護スルニアリ。故ニ若シ憲法ニ於テ、臣民ノ権利ヲ列記セズ只責任ノミヲ記載セバ、憲法ヲ設クルノ必要ナシ」と断じている(46)。しかし、こうした民権の強化は一方の「君権ヲ強固ニシ且ツ尤モ之ヲ重ズルコト」とは矛盾しており、この接点に立つ政治家伊藤の言動が時として揺れるのも無理からぬことである。明治天皇が伊藤を評して「才智あれども時々変説あり、いつまでも仕通す事は出来ず云々」と言われたのも(47)、この間の事情を知らせる適確なエピソードと言えよう。

しかし、明治天皇は穏健で適度な進歩性と現実に密着した保守的漸進主義者の伊藤を信任し重用して止まなかった。人は誰しも主上に信頼されると意気揚々として増長になりやすく、巧言は言えても諫言は困難となるが、伊藤は天皇に対し憚らずものを言い、時折すねて勅命に逆らい天皇を手こずらせたりもしている。この間の様子を雑誌「世界之日本」主筆を経て衆議院議員に転じた竹越与三郎は、次のように証言している(48)。

憲法を制定する当時でも保守党の頑強なる反対があった。憲法は天皇の権力を制限するものであるから不都合だと云ふのである。而かも公は断乎として此障礙《しょうがい》を排して進み、遂に千載不磨の大典を草し、之を発布して我憲政の基礎を定めた。（中略）君主を直諫するということは古来臣下の最も難しとする處で、我国の諺にも直諫は一番槍に相当すると云った程である。而して今上陛下を直諫し奉ったものは独り伊藤公であった。公は知って言はざるは不忠なりと信じて、時に直諫を敢えてしたのである。

こうした伊藤の言動に対し、明治天皇もまた彼の磊落《らいらく》な人柄を愛し遠慮なく応じたが、時として逆鱗に触れることもあった。明治二十九年頃有栖川宮威仁が東宮補導職にあった時、伊藤の直諫が天皇を立腹させ一か月間も御前へ出るのを許されなかったといわれる(49)。「世間では多く公を寵臣であるかのごとくに認めて居るが、夫れは全然誤って居る」というのが竹越の伊藤博文評で、彼は君主への直諫をも辞さない「純忠の臣」であったと結んでいる。

むすびに

伊藤博文が念持仏として秘蔵した小金銅仏は、熱海市温泉寺に旧在したことから、万里小路藤房縁りの品であるという伝承が、すでにこれの入手以前から存したことは本文でも述べたごとくである。これらの伝承を受けて伊藤の娘婿末松謙澄が考証を行い、さらにこれを補強したのが本稿である。考証の結果は当初あった伝承を立証補強することとなったが、しかし、このことによって温泉寺自体の由緒沿革までが確実になったわけではない。

史実に即して言えば、温泉寺が万里小路藤房の開創と言われるようになったのは江戸時代に入ってからで、寛永七年（一六三〇）春に臨済宗妙心寺派の雲居希膺が熱海を訪れて同寺を中興し、円鑑国師授翁宗弼を勧請開山とした(50)。この授翁宗弼は京都市花園にある臨済宗妙心寺派の総本山妙心寺の二世で、実は万里小路藤房と同一人物であるとするのが同寺七世宗深が著した『正法山六祖伝』であり、したがって、温泉寺をはじめ同市内の興禅寺なども授翁宗弼すなわち万里小路藤房の開創と言われることになるが、それは南北朝時代を遠く離れた江戸時代になってからであり、これ以前のことについては確証が存しないのである[51]。

こうした史実にも拘わらず藤房と温泉寺の関係が喧伝されるようになったのは、本文でも触れたごとく江戸時代後期以降のことであり、この時代の人々の歴史認識と深く関わりをもっている。南北朝時代に対する歴史観の中で、南朝正統の考え方が楠木正成をはじめ北畠親房や万里小路藤房を復活顕彰せしめた要因であり、伊藤博文が鶴岡八幡宮宮司の箱崎氏に頼んで虚空蔵菩薩を入手したのもかかる時代の思潮と無関係ではない。

ところで、伝承のみの温泉寺に藤房の本物遺物が存在したことをどのように解すべきであろうか。遺品の解明によって温泉寺にまつわる伝承に確証が得られたと受け取られなくもないが、これは早計である。なぜならこの虚空蔵菩薩の遺品が温泉寺の什物《じゅうもつ》であったことを立証する確かな史料は存しないからである。もちろん冒頭にも述べたごとく、伊藤の関係者はこれが鶴岡八幡宮に移される以前は温泉寺に旧在したことを述べているが、肝心の温泉寺側にそれを裏付ける確証が存しないのである。『熱海物語』が記すように[52]、仮にこの仏像が明治初年頃温泉寺に存したとしても、これが同寺の伝世品であったかは極めて疑わしく、幕末頃に何らかの事情で外部から同寺に持ち込まれた可能性が高い[53]。小金銅仏が温泉寺に旧在したという通説に対し疑問を提起しておくことにする。

最後に、明治四十二年の伊藤博文没後、この虚空蔵菩薩像の辿った命運について言及したい。末松の「藤公遺物」によると、この仏像は伊藤の没後しばらく仏壇に安置され、その後は娘婿の末松が預かることになった。しかし、昭和七年（一九三二）に韓国京城市に曹洞宗寺院の博文寺が創建されると、仏像もまた遺族から同寺に寄進され、当分は彼地に留まることとなった。博文寺は明治四十三年（一九一〇）の韓国併合後の宗教統治策として建立されたもので、山号の春畝山は伊藤の雅号から取っている。寺名、山号とも伊藤に因むのは彼が初代の韓国統監に就任したことへの敬意と言えよう。

ところが、昭和二十年八月の第二次世界大戦での敗戦によって、博文寺は暴徒襲撃の場と化し、当時博文寺院代の任にあった深谷博道は、同年冬包囲監禁の中、命からがら帰国することになるが、その限られた荷物の中に伊藤の大礼服や書と一緒に仏像も隠されていたのである(54)。深谷禅師は帰国後、伊豆修善寺町の修禅寺に入られたため仏像もまた同寺に保管され、しばらく所在も不明であったが、昭和六十年に御殿場市の郷土史家仁藤祐治氏の探索によって発見され、再び世間の注目を浴びるようになった。

山口県大和町への寄贈については、平成三年九月に催された伊藤公生誕百五十年祭に来賓として招かれた伊藤博雅氏が、曾祖父博文の念持仏について話されたことが発端と言われる(55)。話を聞いた大和町は早速修禅寺へ懇願し、翌四年二月に仏像の里帰りが実現した。そして同七年には新築された伊藤公資料館へ安置され、多くの人々にその御姿を披露することになったのである。

【注】

(1)『伊藤博文公』(『太陽』臨時増刊号)(博文館、明治四十二年)二五〇頁。
(2)松岡宣夫著『周防・大和町ふるさと発見』(平成七年)一三三頁。
(3)仏像が厨子内に固定されたのは、伊藤がこれを入手後旅行等に携帯するようになってからと思われる。
(4)小松　緑編『伊藤公全集』第三巻、三〇六頁。前掲、伊藤博文公、二五〇頁。
(5)この一書は仏像とともに伊藤公資料館に保存されている。
(6)里村千介著『藤公美談附諸名士逸話』(大正六年)一四六頁。
(7)前掲、伊藤公全集、第三巻、三〇六頁。
(8)同右、三〇六頁。
(9)「侯爵伊藤博文閣下念持虚空蔵菩薩宝剣改造記」(明治四十年二月八日)。

(10) 前掲、藤公美談、一四七頁。
(11) 前掲、侯爵伊藤博文閣下念持虚空蔵菩薩宝剣改造記。
(12) 大田君男著『熱海物語』(国書刊行会、昭和六十二年) 二二五頁。
(13) 藤房手植の松は昭和三十年代に枯れ、現在は切り株のみが残っている。
(14) 前掲『熱海物語』に所収 (同書、二二七頁)。
(15) 念持仏を持ち主の生年干支と関連づけて説明する考え方が一方に存する。これに従うと、虚空蔵菩薩は丑と寅年生まれの守り本尊で、伊藤が誕生した天保十二年の干支「辛丑」はまさしくこれに合致する。しかし、他の同時代人の念持仏を見ても本人の生年干支とは必ずしも一致しないことから、右の説明は実証性に乏しく学説としては疑問がある。
(16) 前掲、藤公美談、一四六頁。
(17) この仏像の調査を最初に担当されたのは福本幸夫氏で、同氏の書かれた調書を参照する。
(18) 前掲、伊藤公全集、第三巻、三〇六頁。
(19) 「文和三暦」の暦は年の代字である。
(20) 『国史大辞典』第十三巻、一八七頁。なお、藤房の出生については永仁四年 (一二九六) 説もある。
(21) 『太平記』(新編日本古典文学全集) 第二巻、一〇〇頁。
(22) 前掲、国史大辞典、第四巻、一三二頁。ただし、親房の没年については正平十四年 (一三五九) 説などの異説もある。
(23) 末松謙澄「藤公遺物」(明治四十三年)。
(24) 京都市左京区岩倉で、現地には万里小路藤房の遺髪塔が現存する。
(25) 『参考太平記』は『大日本史』編纂の基礎作業として今井弘済、内藤貞顕がまとめたもので、諸本と関連史料を博捜し『太平記』研究の基礎を築いた点が評価されている。したがって、天正本『太平記』も『参考太平記』に引用され、その存在は早くから知られていた。
(26) 前掲、太平記、第二巻、一〇〇頁。
(27) 同右書の頭注による。

(28)『太平記』の成立と作者については明らかでないが、『難太平記』の記述によれば、暦応元年（延元三、一三三八）から観応元年（正平五、一三五〇）までの間に、最初の形が成立したと考えられる。その後何段階かの書き継ぎや添削が行われて、応安末年から永和年間（一三七五～七九）に、現在広く読まれている『太平記』が成立したとする考え方が有力である（前掲、国史大辞典、第八巻、八六五頁）。
(29)『大日本史料』第二編之二、一九頁。
(30) 本多辰次郎・花見朔巳監修『異説日本史』（雄山閣、昭和六年）第四巻、人物篇、一六三～一八四頁。
(31)『吉野拾遺』上（『群書類従』第二十七輯）五二六頁。
(32) 前掲、藤公遺物。
(33) 温泉寺の本堂には「一金壱百円也　伊藤博文」と記された木札が掛けられている。年次は記していないが、伊藤が同寺に金百円を寄附したことを証する史料であり、秘蔵の念持仏が同寺に旧蔵されていたことへの謝礼と考えられる。
(34) 前掲、国史大辞典、第十巻、八〇八頁。
(35) この追贈は妙心寺が授翁の年忌を修するに当たり、彼の布教伝道の功勲が顕著であるにも拘わらず従来諡号のないことを遺憾として請願したことによるが、世間では授翁が万里小路藤房の後身であり、そのための寵賜と誤解し喧伝したようである（前掲、異説日本史、第四巻、一七二頁）。
(36) 現地調査の不備を前掲『熱海物語』で補う（同書、二三二頁）。
(37) 前掲、国史大辞典、第一巻、七〇八頁。
(38) 注（4）に同じ。
(39) 前掲、国史大辞典、第十三巻、一八七頁。
(40) 同右、第五巻、二三〇頁。
(41) 同右、第六巻、三八〇頁。
(42) これとは別に、藤房の遁世を大塔宮護良親王の失脚と関係づける考え方が存する。この説は久米邦武博士が主張されて以来今日まで引き継がれている（佐藤進一著『南北朝の動乱』六八頁）。

(43) 前掲、太平記、第二巻、九一頁。
(44) 『保古飛呂比—佐佐木高行日記』（東大出版会、一九七八年）、第十巻、四九五頁。
(45) 橋川文三・後藤総一郎編『明治の群像』（三一書房、一九七〇年）、第四巻、一四七頁。
(46) 坂本一登著『伊藤博文と明治国家形成』（吉川弘文館、平成三年）八九頁。色川大吉著『近代国家の出発』（中央公論社、昭和四十一年）四四一頁。
(47) 「七人の宰相」14、伊藤博文（朝日新聞）。
(48) 前掲、伊藤博文公、一七二頁。
(49) 同右、一七三頁。
(50) 『熱海市史』（熱海市役所、昭和四十二年）上巻、二七三頁。
(51) 温泉寺の山号は清水山といい、一説によると南北朝時代の広済接待庵の跡とも言われている（前掲、熱海市史、二七二頁）。
(52) 前掲、熱海物語、二二六頁。
(53) 天明四年（一七八四）の沢元愷著『温泉寺記』（前掲『熱海物語』所収）に金銅仏が出てこないのも、外部からの移入説を傍証している。
(54) 仁藤祐治著『念持仏』（悦声社、昭和六十二年）一八頁。
(55) 前掲、松岡著、二三頁。

《付記》

本稿に関わる史料の現地採訪では京都市花園妙心寺をはじめ熱海市温泉寺、愛知県一色町養林寺など多くの方々の御協力を賜った。記して感謝の意を表したい。また、本稿収載の虚空蔵菩薩像の写真は大和町教育委員会、国弘章氏の提供である。国弘氏には資料の収集等でも御尽力頂いたことを付記しお礼を申し述べたい。

二　陶　弘長寄進の鰐口

はじめに

石造塔婆の調査が機縁で、岡山県川上郡備中町を訪ねることになった。備中町は岡山から伯備線で備中高梁駅に下車し、ここから西へ成羽川沿いに約二〇キロメートル程入った、広島県との県境にある山間の町である。ここの布賀中郷にある南北朝期の角柱塔を調査した折、案内をしていただいた地元教育委員会の芳賀弘裕氏から、同町西油野の観音寺に同じく南北朝期の永徳三年（一三八三）銘を彫り込んだ鰐口《わにぐち》のあることを知らされた。

遺品自体は中型で鼓面のふくらみも少ないが、岡山県が既に昭和四十一年には県指定文化財にするだけあって、形の整った技術的にも優れた作品である。ただし、それ以上に注目されるのは表面及び裏面に刻された「周防国熊毛郡小周防東方東興禅寺」「勧進沙弥道琳」等の銘文である。つまり、この岡山県に現存する鰐口はもともとは山口県光市内の禅寺にあったもので、その後二転、三転して県外に流出するに至ったのである。また、これが施入される際勧進を務めたのは陶氏三代の弘長であり、道琳は彼が在俗出家中に称した法名であることも看過し得ない。したがって、この鰐口は南北朝期の美術工芸品遺品としての価値を有するだけでなく、ここ山口県にとっては、この地方の中世史と直接関連した歴史史料として貴重であることは言うまでもない。拙稿をあえて起こさんとする所以もここにある。

ところが、その後調査を進めていくうちに、この遺品はちょうど今から十年前の昭和四十八年三月に県立山口博物館において開催された防長の鰐口展に出品され、既に大方の博覧に供されていることが分かった。また、その際出品された二〇口の鰐口について紹介と考察を加えられた、先学臼杵華臣氏の「防長の鰐口」（『山口県立山口博物館研究報告』第三号）が存することも知り得た。臼杵氏によると、この鰐口は永徳三年に「沙弥道琳の勧進によって鋳造され、周防国熊毛郡小周防村（光市）東方東にあった興禅寺に奉納された」ものであり、沙弥道琳は不問であるが、興禅寺については大内氏二十四代弘世の弟師弘の菩提寺で、山口へ移建される前は熊毛郡小周防に存したであろうと推定されている(1)。

しかし、この臼杵氏の解釈は後述のごとく銘文の誤読から生じた臆断であって、興禅寺が小周防に存した証拠もなければ、また後代に山口に移建したとする徴証も何ら存しない。筆者の考えでは、この鰐口は陶弘長（道琳）が勧進となって、当時熊毛郡小周防東方にあった禅寺の東興寺に施入したもので、三十六年後の応永廿六年（一四一九）には同所高尾山常灯寺に移り、さらに三転して現在の観音寺の所蔵となったものであると解される。

勧進の沙弥道琳を含め、これが奉納された東興寺、常灯寺にしても、かつては実在し隆盛を極めたであろうが、今日ではほとんどその概要を把握できない状態にある。ここに紹介する鰐口とて歴史事実を示す単なる点にしか過ぎない。しかし、ここに視点を置くことによって、当時の歴史的状況を垣間見ることは決して不可能ではない。初めに遺品を紹介しながら銘文の解釈を行い、引き続き各事実についての考証を行いたいと思う。大方のご批正を賜れば幸甚である。

(一) 小周防本郡東方

備中町観音寺所蔵の鰐口は、開口部両端からの直径が二二センチ、中心部の厚さは九・五センチと、鰐口としては中型であるが、鼓面は扁平さの中にもわずかに柔らかいふくらみをもっている。肩の左右には紐や鎖を通してかける耳があり、形は丈高の半円弧状とし、両耳の間隔は通常よりも離れている。両耳の下に近く張り出しの少ない目があり、下辺開口部の唇は幅が狭い。鼓面は表裏ともに二重の細隆圏線をめぐらして撞座《しょうざ》区・中区・銘帯の三区に分かち、装飾的意匠を省いた簡素なつくりであるにも拘わらず端正な印象を与えるのは、この鋳造技術が優れているためであろう。同時代の作品の中でも出色の出来である。

次に銘文を見ると、表面の中区と銘帯、裏面の銘帯、さらには胴部の両耳下の各箇所に陰刻している。ただし、これらは書体も紀年銘も違っており、最初にあったのは表面の刻銘だけで、他は追刻である。

〈表面〉

（中区）　諸行無常　是生滅法

生滅滅已　寂滅為楽

（銘帯）　奉懸御宝前鰐口周防國熊毛郡小周防東方東興禅寺

写真Ⅳ—4　東興寺旧在の鰐口（岡山県備中町観音寺所蔵）

〈胴〉

永徳三年癸亥七月初八日　勧進沙弥道琳敬白

（左の耳下）　宮松

（右の耳下）　氏女

〈裏面〉

（銘帯）　高尾山常灯寺願主敬白

應永廿六年三月八日

表面中区の銘は梵鐘や石塔に見かける「涅槃経」の無常偈であるが、銘帯の方はこの鰐口の施入寺名、その年月日、勧進名を刻しており甚だ重要である。まず施入名を見ると、前記銘文を「周防国熊毛郡小周防東方東、興禅寺」と解するか、または「周防国熊毛郡小周防東方、東興禅寺」とするかで見解が大きく違ってくる。筆者の考え方はもちろん後者である。寺名の考証に入る前に熊毛郡「小周防東方」の検討から始めよう。

そもそも熊毛郡小周防（光市小周防）が東西に分離されたのは、鎌倉末期の元応元年（一三一九）である。源平争乱に出てくる内藤盛家五代の孫盛兼は、同年十月十八日付の譲状によって父時信から重代相伝の尾張国中島郡浅井郷地頭職の半分を譲渡された際、周防本郡の地頭職についても宗像宗氏と相論を起こした。当時周防本郡の地頭職を所持していたのは宗氏であるが、宗氏は盛兼の祖母仏心尼の遺領を相続したことから両者の間に相論を生じ、幕府へ提訴するに至ったのである。この時の幕府の裁断は、周防本郡を東方と西方に二分し、東方地頭職を内藤盛兼に、西方地頭職を宗像宗氏に与えることで決着した(2)。内藤氏は盛兼の嫡子盛秀が夭折し、盛兼の弟盛信が跡を継いで南北朝期に入る。貞和六年（一三五〇）内藤氏を継いだ盛世（徳益丸）は、肥後国詫磨にある足利直冬に対し、尾張国浅井郷以下の内藤氏相伝の所領安堵を言上しているが、これにも「周防国周防本郡東方」とある(3)。

この「周防本郡東方」と鰐口銘の「小周防東方」は同一地域を指すと考えてよいであろう。平安時代の『和名類聚抄』に挙げられた周防郷は、現在の光市周防、大和町束荷、熊毛町勝間にわたる地域であるが、その中心は周防内の小周防の地であった(4)。小周防は古代における周防国造の本拠地であり、熊毛郡衙が最初に置かれたところでもあったから、本来は周防郷一帯に対して称せらるべき周防本郡の名称が、実際は小周防本郡と同意味に用いられてきたのである。

足利直冬が安富三郎直泰の勲功を賞した貞和六年（一三五〇）二月十九日付の「深江家文書」には「周防国小周防本郡東方地頭職」と記され、これに続く永徳三年（一三八三）四月には、大内義弘が前述の宗像宗氏の所有していた「小周防西方地頭職」の半分を吉河駿河守経見に宛行っている(5)（吉川家文書）。したがって鰐口銘の「小周防東方」は、前述の周防本郡を東西に分けた東方を指し、ここまでが鰐口の施入された寺の所在地である。臼杵氏は「小周防村（光市）東方東にあった興禅寺に奉納された」云々と解釈されたが、東方東では意味をなさないばかりか、そのために次の寺名も正しくは「東興禅寺」と解されるべきものが興禅寺などと、全く似て非なる寺院が登場してきたのである(6)。

(二)　東興禅寺

「法雲山大円禅寺」（吉敷郡宮野庄大円寺旧蔵、応永七年洪鐘銘）「松江山普済禅寺」（宇部市普済寺旧蔵、永和五年朝鮮鐘銘）等の例証を示すまでもなく、禅宗寺院の場合は寺名内に禅の一字を入れて、〇〇禅寺と称することは必ずしも特殊ではない。「東興禅寺」も東興寺なる禅宗寺院であって、永徳三年（一三八三）七月八日、沙弥道琳の勧進によって鋳造された鰐口は、当時小周防東方に存した東興寺に施入されたと解すべきであろう。

ところでこの東興寺であるが、この寺は光市はもちろんその周辺にも現存しておらず、かつて南北朝期に存在したことを知らせる文献も残っていない。ただし、旧熊毛郡小周防村内の廃寺紅葉院について『防長風土注進案』は次のように記している(7)。

寺伝曰、当寺開基之義ハ往古貴山慶留座元、紅葉軒東光寺と申記録有之候得ハ、右仁開基と相見へ、中古本寺渓月院十二世利峯正伝和尚開基ニ而、寺号東光寺と唱来り候所、当村住居守田家元祖河野刑部少輔通宣（直）滅後此寺ニ被為入、紅葉院殿前豫州大守一叟泉大居士と号シ菩提所ニ取立相成、夫已来紅葉院と相改候

右引用によると、紅葉院の寺名は後代にこの地方の給領主となった守田氏が、先祖河野通直の法名を取って名づけたもので、それ以前は紅葉軒東光寺と称していたことが知れる。紅葉院開山の利峯正伝（別峯聖伝とも記す）を見ると、延宝三年（一六七五）に遷化しているから(8)、紅葉院となったのは江戸時代に入ってからで、東光寺時代はもちろんこれ以前となる。東光寺開山の貴山慶留については知見がなく、この寺が南北朝期までさかのぼることを立証するのは不可能であるが、右引用によると、江戸時代には単に寺伝としてだけでなく紅葉軒東光寺に関する記録類も残っていたことが知れる。筆者は小周防東方の地域内に東興寺なる寺を求めるとしたら、紅葉院の前身であるこの東光寺しか存しなく、寺名のコウの字が違っているのは紅葉院となってから『防長風土注進案』の編纂まで二百年以上も経っているゆえであると考える。

紅葉院は同所渓月院の末寺で宗派は曹洞宗であり、開山の利峯正伝は渓月院十二世である。渓月院と紅葉院との間に本末関係を生じたのは右の事情によるが、記録類を見ても東光寺から紅葉院になる際に宗旨替えをしたという

記述は存しない。紅葉院となってからはもちろんであるが、東光寺時代も宗派は曹洞宗であると考えられ、鰐口銘の「東興禅寺」と何ら齟齬しないのである。東光寺の再興に渓月院住職が関係したのもおそらく両者が法統を同じくするからにほかならない。

次に、鰐口の裏銘にある高尾山常灯寺についていては、これまでの研究によるとすべて知見がないとして一蹴されているが、実は東光寺以上に実在性をもっている。同寺旧蔵の永正十四年（一五一七）七月十七日付文書によると(9)、「高尾庄内高尾山常燈寺下坊之事」云々とあり、常灯寺は小周防高尾に鎮座する高尾神社（旧号高尾山王権現）の社坊であり、同神社の旧地である小周防高尾の石遠に存したことが判明する。

常灯寺の由来や往昔の様子については『防長寺社由来』に詳細な記述を載せている。この寺の創建が果たして文覚上人までさかのぼり得るかは疑問があるにしても、京都山王権現の霊を分かちて一社を設け、その社坊として常灯寺が建立されたのは、ここが中央社寺の荘園となった南北朝期以後のことであろう。貞和三年（一三四七）十一月十一日付の「法観寺文書」によると、足利尊氏は息女了清の追善料所として、周防国衙領であった高尾郷を山城国八坂の法観寺に寄進している(10)。したがって、高尾庄となるのはこれ以後であり、高尾神社の勧請も引き続いてなされたものと見て間違いない。

以上、東興寺及び常灯寺について考証を試みたが、両寺とも創建年次に不確かな点はあるにしても、江戸時代以前に光市小周防に存した古刹であることは間違いない。鰐口は永徳三年七月八日に東興寺に奉納されたが、それから三十六年後の応永廿六年（一四一九）には同所内の常灯寺に移されたのである。移動の事情については何ら知見がなく、常灯寺からさらに県外の岡山県備中町の観音寺に三転するに至った事情も今のところ不明である。

(三)　勧進沙弥道琳

ところでこの鰐口は、光市小周防に東興寺・常灯寺という古刹が南北朝時代に存したことを知らせるだけでなく、もう一つ重要な歴史事実を含んでいる。それは前掲銘文中に「勧進沙弥道琳」と彫り込んでいるからである。鰐口が鋳造され東興寺に奉納されたのは、勧進を務めた沙弥道琳がいたからで、この作善事業に中心的役割を担った道琳こそは陶氏三代の弘長である。近藤清石著『大内氏実録』所収の「大内系図」によると、弘長は大内弘世の命により吉敷郡陶村から都濃郡富田に移った陶弘政の子で、初名を三郎、長じて尾張守となり、法名を道琳と称したことが知れる。刻銘に沙弥とあるのは彼が存俗のまま出家したことを示し、道琳はまさしくその法名であるから、陶弘長をおいて他にこれに比定さるべき人物はいない。

弘長は応永八年（一四〇一）十二月に大内盛見の下で長門国守護代に任ぜられている(11)。この時の年齢は不明であるが、鰐口の寄進はこれより十八年前の義弘代のことである。弘長の父弘政は、正平六年（一三五一）に富田に移って宗家大内氏の周防国平定に大なる功を遂げたが、彼は応安元年（一三六八）の豊前国における菊池氏との対戦を最後に史料の上から消え、これに代わって登場してくるのが嫡子の弘長である。登場してくるといっても弘長に関する残存史料は、応永六年（一三九九）の泉州堺への出陣から同十三年の豊前国猪岳合戦(12)で死に至るまでの晩年のものだけで、彼の前半生については何ら記録が存しない。したがってこれまでの研究では、三代弘長は早世したものとして取り扱われ(13)、陶氏は四代盛長、五代盛政に至って隆盛化したと考えられている。しかし、弘政が大内弘世の臣であり、弘長が義弘の臣であることは名前からして明らかで、この鰐口は義弘代の永徳三年に彼はすでに在俗出家して道琳と名乗していることを知らせている。弘長が没したのはこれからさらに二十三年後のことであり、彼は早世してはいないのである。

弘長は、いったいどのような目的でこの鰐口を造ったのであろうか。施入先が小周防東方の東興寺と限定されている以上、弘長と東興寺、あるいは東興寺のある小周防との関係が吟味されねばならない。周知のように、弘長は陶氏初代の弘賢以来、弘政─弘長と続く陶氏嫡家の生まれである。ところが、当時の状況は嫡家よりも弘政の弟弘綱─弘宣の庶流が勢力隆盛で、兄の弘政は大内弘世の周防国平定に尽力したとはいえ、乱後長門国守護代に任ぜられたのは弟の弘綱であり、その子弘宣も嫡流弘長をさしおいて紀伊国守護代となっている(14)。こうした情勢下で陶氏嫡流の弘長がやがて勢力を拡大し、彼の系統が長門・周防両国の守護代に任ぜられる時期を迎えるが、その起因となったのは皮肉にも大内宗家の内訌であり、この戦闘によって当時の有力家臣が次々に滅亡したことである。

康暦二年（一三八〇）五月に起こった大内義弘と叔父師弘との戦闘では、長門国守護代の杉入道智静をはじめ石見国守護代内美作守父子、鷲頭氏父子等が師弘に与したために討たれ、これに続く応永の乱（応永六年）およびその後の盛見と弘茂の戦闘では、宗家の義弘とともに陶氏庶流の紀伊国守護代弘宣や杉重運・同備中父子、陶山佐渡守高長等が滅んでいる(15)。弘長は応永の乱に泉州堺へ出陣したが、その後における盛見と弘茂との家督争いには盛見方に加担、乱平定後には前述のごとく長門国守護代に就任している。この時の小守護代には猶子盛長が抜擢され、以後盛長─盛政が大内盛見、持世代の長門国守護代を務め、盛政と息男弘房からは陶氏が周防国守護代を世襲するようになる(16)。このように見てくると、陶氏が大内宗家の重鎮としてその地位を築くのは三代弘長からで、この点は今まであまり強調されていなかったように思う。

弘長代における家運の隆盛とその政治的進出は、同時に自家の所領の拡大、支配地への権力貫徹と併行している。陶氏の場合は二代弘政が都濃郡富田を本拠地にするとともに、重臣の野上氏を野上庄（徳山市）に配して、まず周南地方に勢力を扶植した。弘政が東大寺領富田保の地頭職を所持していたかは分からないが、四代盛長を同職に補した次の文書が存する(17)。

東大寺領周防国富田保地頭職事、任康應元年九月廿二日安堵、無寺家年貢不懈怠者、陶中務少輔盛長領掌不可有相違之状如件

應永十七年三月十七日

盛長は応永十七年（一四一〇）三月に、東大寺への年貢を不法に懈怠しないことを条件に富田保地頭職を安堵されたが、右文書によると、これ以前の康応元年（一三八九）九月にすでに同職に補された陶氏がいる。実名は記されていないがおそらく三代弘長であろう、弘長が所有していた富田保地頭職を彼の没後猶子の盛長が引き続き安堵されたのである。

応永六年（一三九九）、つまり陶氏が富田保地頭職を得た前後に、大内義弘は東大寺に対し国衙領の保護を約束した五か条の事書を入れている。大内氏の家人が国衙領保司・代官・地頭に任ぜられて年貢の貢納、土地の管理をしている間に、次第に上納すべき年貢を滞納し土地の押領へと進展するからで、南北朝期の動乱がこうした事態に拍車をかけたことは言うまでもない。前の引用中に「無寺家年貢不懈怠者」とあるのは、何も陶氏だけに限ったことではないにしても、同氏の勢力拡大が国衙領や荘園の侵略によってなされたことはよく知られている。例えば、享禄五年（一五三二）の東大寺訴状によると、同年まで陶氏が押領したのは国衙領七か所、年貢の未進は四、九三四石に及んでおり、隆房代には徳地（佐波郡徳地町）に三、〇〇〇貫、小周防（光市）に一〇〇町歩の押領地があったと言われる(18)。

陶氏の国衙領押領が果たしていつ頃から行われたか、個々の実態を把握することは困難であるが、前述の富田保

や野上庄に続いて熊毛郡小周防へも及んだことは十分考えられる。当時小周防の地頭職は前述のごとく、これを東西に二分して内藤・宗像両氏の所有となったが、内藤盛兼が相続した小周防東方の地頭職は、その後の貞和六年（一三五〇）二月に内藤孫六盛信跡闕所《けっしょ》として安富三郎直泰に与えられている(19)。ただ、永享六年（一四三四）に内藤盛貞（智得）がしたためた譲状には小周防地頭職が含まれているから、同職は結局内藤氏の手に帰したことになるが、果たしてそれが盛世（智陽）代に実現したのか、あるいは子の盛貞に至って還付されたのか、真相は明らかでない。

内藤氏は周知のように盛貞の代から大内氏に仕えるようになる。盛世の代は大内弘世と鷲頭長弘との対戦に介入、しかも加担した鷲頭方の敗北によって少なからず窮地へと追いやられている。この政治的間隙を衝いて陶氏が小周防東方の地頭職を狙ったとしても不思議ではない。否、陶氏個人の勢力拡大よりも、宗家大内氏による防長制圧が多量の兵粮米を必要とし、これが陶氏によって推進されたという方が適切であろう。ともかくも陶氏が本拠の富田保を確保した直後に熊毛郡へも勢力を扶植しようとしたことを証する史料は、管見ではこの永徳三年銘の鰐口しか存しないのである。

むすびに

小周防は熊毛郡の中心地であり。ここの古刹東興寺に自ら勧進となって鰐口を寄進することは、在地掌握の手段としても甚だ有効である。ただし、陶氏が国衙領や荘園の所職を押領するに留まるだけではその政治行動に限界があり、たとえ実質的な支配は貫徹できたとしても、それは国内の一地域でしかない。陶氏の広範囲に及ぶ在地支配を可能にし、しかも大内氏家臣団の中に重きをなしていくには、守護代の地位を利用するに越したことはない。すでに述べたごとく、三代弘長は大内盛見の長門国守護代に就任して嫡家の地位を確立させただけでなく、後代における陶氏繁栄の基礎をも築いたのである。

【注】

(1) 地元備中町が編纂した『備中町史』(昭和四十七年五月)においても同様の解釈がなされている。

(2)『萩藩閥閲録』第三巻、一五六頁。

(3) 同右。

(4)『光市史』二〇二頁。御薗生翁甫著『防長地名淵鑑』二二八頁。

(5) 御薗生翁甫、前掲書二二九頁。

(6) 興禅寺は氏も言われるごとく、大内弘世の弟師弘の法名から命名された菩提寺であると考えられる。しかし、この寺院が光市小周防あるいはその周辺に存在したという事実は何ら存しないのである。『花営三代記』によると、師弘が大内宗家義弘によって討たれたのは鰐口が鋳造される三年前の康暦二年(一三八〇)である。いかに叔父と甥の間とはいえ、敵対関係から遂に戦闘にまで及んだ相手のために、短期間のうちに菩提寺を建立するなど常識では考えられない。

(7)『防長風土注進案』七、一二八頁。

(8)『防長寺社由来』巻三、二四一頁。

(9)『防長風土注進案』七、一二四頁。

(10) 御薗生翁甫、前掲書二三〇頁。田村哲夫「防長庄園の地域的考察(前編)」(『山口県文書館研究紀要』第二号)。

(11)「長門国守護代記」(『山口県史料』中世編上、五九〇頁)。

(12) 豊前国猪岳合戦について「大内系図」は年次を欠いている。『宗像社家文書総目録』所収の大内盛見の感状はこの合戦に関してのものであり、日付が「応永十三年正月廿六日」とあるのでいまはこれに従うことにする。

（13）三坂圭治著『若山城趾調査報告書』一〇頁。
（14）前掲書「長門国守護代記」、『徳山市史』上、一五三頁。
（15）『花営三代記』、『南山巡狩録』、『応永記』等による。
（16）近藤清石著『大内氏実録』一六九―一七八頁。
（17）「東大寺文書」応永十七年三月十七日付（『徳山市史史料』上巻所収）。
（18）『大内義隆記』、『光市史』二二三頁。
（19）御薗生翁甫、前掲書二二九頁。
（20）『萩藩閥閲録』第三巻、一五九頁。

《付記》

鍔口の調査に当たっては、地元岡山県川上郡備中町教育委員会の芳賀弘裕氏にご協力を賜った。記して感謝の意を表したい。

《論考原題及び初出一覧》

Ⅰ　古文書・古記録

一　「陶　弘護と三人の遺児」（『徳山大学論叢』第五十五・五十六合併号、二〇〇一年十二月）。

二　「神社祭礼と宮座――新屋河内賀茂神社の頭番文書――」（同右、第五十三号、二〇〇〇年六月）。

三　「光井保妙見社の大般若経」（神道大系編纂会編『神道大系』月報八十九号、一九八九年十二月）。原文に小見出しを付け、大般若経の写真を一枚入れた。

Ⅱ　五輪塔・宝篋印塔

一　「陶氏供養塔の発見」（『徳山大学論叢』第二十九号、一九八八年六月）。横組みの原文を縦組みに変えた。また、欄外にあった注書は末尾に一括した。

二　「中世末期の墓塔――山口県徳山市を事例として――」（同右、第三十九号、一九九三年六月）。本論文はのち、学術文献刊行会編『日本史学年次別論文集』中世Ⅱ（朋文出版、一九九三年）に所収された。また、本論文は徳山地方郷土史研究会の要望に基づいて同機関誌『徳山地方郷土史研究』第十六号（一九九五年三月）に転載した。

Ⅲ　板碑・角柱塔

一　「板石塔婆の成立と展開」（立正大学史学会編『宗教社会史研究』立正大学史学会、一九七七年）。表題を変え、若干の補筆をした。

二　「山口県の板碑」（坂詰秀一編『板碑の総合的研究』Ⅱ地域編、柏書房、一九八三年）。

三　「文禄の役と吉川氏」（『徳山大学論叢』第四十四号、一九九五年十二月）。本論文はのち、学術文献刊行会編『日本史学年次別論文集』近世Ⅰ（朋文出版、一九九五年）に所収された。表題はそのままとし副題を付けた。

四　「永仁六年萩大井浦の角柱塔」（『史迹と美術』第五〇七号、一九八〇年八月）。表題を変え、若干の補筆をした。

五　「角柱塔の成立と展開」（『徳山大学論叢』第十六号、一九八一年十一月）。字句の一部を訂正し、末尾に付した「角柱塔の資料」を削除した。なお、本論文は一九八四年度文部省科学研究費補助金一般研究Cの既往研究業績書。

Ⅳ　仏像・法具

一　「伊藤博文の念持仏」（同右、第五十一号、一九九九年六月）。

二　「陶　弘長寄進の鰐口」（『山口県地方史研究』第四十九号、一九八三年六月）。

あとがき

山口県に居住して既に三十年、この間に発表した論考の中から本県の歴史や文化に関わるものを選びまとめたものが本書である。

できるたけ最新のものを収めることにしたが、論考の中には発表から大分歳月を経過したり、外部から依頼されて書いたものもある。現在から見れば必ずしも満足しない点もあるが、本文の内容上の基調は変わらないので、字句の一部を訂正するのみで原文をそのまま収めることにした。初出の原題や発表年次、発表機関等については巻末に「論考原題及び初出一覧」として掲げてあるので参照されたい。

山口県での歴史研究の出発点となったのは、大島郡東和町油宇浄西寺所在の「三尊碑」との出会いであった。塔身上部に梵字種子と名号を顕刻し、その下に建仁二年（一二〇二）の紀年銘を有する同遺品は単なる碑石や古墓の仲間ではない。塔身上部に安置された仏や菩薩を供養するために造立された石造塔婆であって、同塔婆の形式分類から言えば自然石板碑と称すべきことを主張した。

当時、板碑は埼玉県江南町須賀広にある嘉禄三年（一二二七）銘の阿弥陀三尊像容遺品を最古に、鎌倉時代に入って関東地方に発生した石造文化であるとする考え方が支配的であった。しかし、これは板碑の中でも頭部山形・横二条の切り込みという特殊形式を具備した遺品を中心とする説明であって、全国に多在する板碑文化全体の発生や特徴を表現したものではない。石造塔婆遺品の中には右の特殊形式は欠くものの同一の造立目的や内容をもったものが全国的に分布しており、しかもこれらの中には前の浄西寺遺品と同様、埼玉県須賀広の嘉禄三年銘を年次的に上回るものが混じっているということが重要である。

頭部の特殊形式を有する整形板碑に対し、この条件を欠く右のような遺品を自然石板碑と称することにし、わが国石造塔婆史上に出現した板碑文化は、まず平安時代中期頃に自然石板碑が造立され、次の鎌倉時代に入って地域的展開を見せる中で整形板碑も造られるようになったが、同時に前代からの自然石板碑もまたこれと並行して造立されていることを明らかにした。

本書所収の「初発期の板石塔婆」は副題からも知られるように、山口県浄西寺所在の遺品とこれの類品を現地に採訪し、整形板碑出現以前における自然石板碑の展開を実証しようとしたもので、これが発表された際、五来重博士より「従来板碑とか板石塔婆と呼ばれる石造供養塔の概念規定の不明確な点に、一つの問題提起をした野心的な論考である」(『日本読書新聞』一九三七号)と、ご高評を賜ったことも今では懐かしい思い出である。

板碑を研究しているうちに、この塔婆形式の中には板碑とは異形・異質なものが含まれていることに気づいた。板碑は塔身が方柱状をしていても頭部の山形や横二条の切り込みは正面にしか有しない、四面中の一面のみを観面とした平面体の塔婆であるが、実はこの中に頭頂が方錐形で、四面に横二条の切り込みと額《がく》をもったものが混在している。正面からの観察では両者は区別が付きにくいことから双方を板碑の範疇《はんちゅう》に含めてきているが、かつて石田茂作博士がこの後者の塔形に対し「角柱塔」と称されたことに鑑み、筆者もまた同一の名称を使用することにした。この研究の発端となったのは山口県萩市大井浦に所在する永仁六年(一二九八)銘の遺品であり、さらに視点を広げ研究を発展させたのが「角柱塔の成立と展開」である。この論文は一九八四年度の文部省科学研究費補助金一般研究Cを受けた際の既往研究業績として提出し、その後の成果報告書としては『中世の板碑文化』(東京美術、一九八七年）を公刊した。

所収の論文の中に陶氏に関するものが数編存する。周知のように、陶氏は大内家臣団の重鎮として周防国守護代を世襲し、その領国経営に専心した。ところが天文二十年（一五五一）九月、陶晴賢は謀反を決行して主君大内義隆を自害させ、この四年後には自らもまた安芸国宮島で毛利元就に敗れるという事態を招来した。この陶氏の本拠地が周防国富田保であり、現在の新南陽市富田を中心に居城や居館などは徳山市域にも及んでいる。陶氏の地元から同氏研究会を立ち上げようとする動きに押されて発足したのが陶氏研究会であり、その例会で発表した草稿をもとにまとめたものを本書に収めることにした。成稿に当たっては会員相互の研鑽とご協力が存したことを記し、感謝の意を表したい。

所収した各論文を読み返していると、これが執筆された当時の様子がつい昨日のごとくありありと浮かんでくる。多くの先学と良き師の導きがなければ到底一遍の論文すらものにすることができなかったように思う。なかでも高島正人・坂詰秀一の両先生には、今日尚もご指導をいただき何かと励ましのお言葉を賜っている。日頃の学恩と御厚情に改めて心からお礼を申し上げたい。

最後に、各史料の採訪に際しては多くの方々のご協力をいただいた。各論考の末尾にその旨を具体的に記しているが、本書の刊行に当たり改めてお礼を申し上げる次第である。大学教育出版には一昨年の『石造文化――歴史学への誘い』に続けて今回もまたお引き受けいただくことになった。出版を快諾された佐藤守出版部長をはじめ編集の方々に対し、心よりお礼を申し上げたい。

平成十四年二月十六日

播磨　定男

■著者略歴
播磨　定男（はりま　さだお）
1937年　秋田県に生まれる。
1970年　国学院大学大学院博士課程修了
現　在　徳山大学教授、陶氏研究会代表
　　　　徳山市・光市・大和町などの文化財審議委員

主な著書・論文
『石造文化―歴史学への誘い―』（大学教育出版、2000年）
『中世の板碑文化』（東京美術、1989年）
『中国地方の板碑』（山陽新聞社、1987年）
『光市現代二十年史』（光市、監修、1996年）
『徳山市の社寺文化財』（徳山市教育委員会、共著、1991年）
「白井水軍の動向―安芸白井家文書を中心に―」（徳山大学論叢第49号、1998年）
「山口県にある神代文字」（同46号、1996年）
「徳山市貝籠五輪塔の紀年銘」（同27号、1987年）など

現住所　山口県徳山市梅園町1-20　ＬＭ梅園町602

徳山大学研究叢書第24号
山口県の歴史と文化

2002年3月30日　初版第1刷発行

■著　者――播磨　定男
■発行者――佐藤　正男
■発行所――株式会社**大学教育出版**
〒700-0951　岡山市田中124-101
電話（086）244-1268　FAX（086）246-0294
■印刷所――互恵印刷（株）
■製本所――日宝綜合製本（株）
■装　丁――ティー・ボーンデザイン事務所

ISBN4-88730-475-7